Monika Renz

Ich träume von einer Kirche der Hoffnung

Monika Renz, Dr. phil., Dr. theol., Musik- und Psychotherapeutin FSP, leitet seit 1998 die Psychoonkologie am Kantonsspital St. Gallen. Aufgrund ihrer praktischen Erfahrung und ihrer Forschungstätigkeit in den Bereichen Sterben, Spiritualität, Versöhnung und Vergebung sowie in der tiefenpsychologischen Exegese gilt sie als Pionierin der Spiritual-Care-Bewegung. Ihre Veröffentlichungen finden große Beachtung; internationale Kurs- und Vortragstätigkeit. *www.monikarenz.ch*

Monika Renz

Ich träume von einer Kirche der Hoffnung

Mit einem Vorwort von Paul M. Zulehner

FREIBURG · BASEL · WIEN

Originalausgabe

www.herder.de

Umschlaggestaltung: Verlag Herder
Umschlagmotiv: © martin-sattler/unsplash

Wenn nicht anders angegeben, sind die Bibeltexte entnommen aus:
Die Bibel. Die Heilige Schrift
des Alten und Neuen Bundes.
Vollständige deutsche Ausgabe
© Verlag Herder, Freiburg im Breisgau 2005

Satz: Carsten Klein, Torgau
Herstellung: GGP Media GmbH, Pößneck

Printed in Germany

ISBN Print 978-3-451-39598-7
ISBN E-Book 978-3-451-82205-6

Inhalt

Paul M. Zulehner: Plädoyer für eine Kirche als Geburtsstätte der Hoffnung

In den heiligen Schriften ist es Gott selbst, der durch seinen wirkmächtigen Geist wichtige Personen der Menschheitsgeschichte oder des Volkes Israel »schauen« lässt, wofür sie sich einsetzen oder welchen Weg sie einschlagen sollen. In Träumen wird »gesehen« und »eingesehen« – was lateinisch »videre« heißt und wovon sich das Wort »Vision« herleitet. Das macht Träumende zu unentbehrlichen VisionärInnen. Sie geben motivierende Orientierungen. Und insofern sie für eine Entwicklung eintreten oder – wie es den drei Weisen träumte (Mt 2,12) – einen neuen Weg einschlagen, werden solche Visionäre prophetische Kritiker bestehender Zustände und ausgetretener Lebenswege. Daneben gibt es auch heute Menschen, die im Stillen von religiösen Träumen berichten. Sie tun dies im Zusammenhang mit tiefsten menschlichen Sehnsüchten nach erlöstem Dasein.

Monika Renz legt den ihr über Jahre hinweg zugewachsenen, ja geschenkten Kirchentraum vor. Dieser hat Gestalt angenommen an der Schnittstelle zwischen den alten unverbrauchten Überlieferungen und den bodennahen tiefenpsychologischen, musiktherapeutischen und spirituellen Erfahrungen zumal mit Leidenden und Sterbenden.

Ihr Kirchentraum fügt sich in eine schon länger bestehende theologische Tradition ein. Die Kirche ihres Traumes führt die Menschen nicht mehr in einen Gerichtssaal, in dem von einem Richtergott über deren Übertretungen und Sünden geurteilt wird. Die Leserin, der Leser findet sich eher in einem Hospiz, in einer Klinik, einem Hospital wieder, oder wie Papst Franziskus gerne formuliert, in einem »Feldlazarett der Menschheit«. Es geht darum, dass uralte Wunden verheilen, tiefste Ängste sich entkrampfen können und dass Menschen in eine neue Gottnähe finden.

Der entwicklungspsychologische Ansatz von Monika Renz erklärt uns dabei jene menschliche Ausgangslage, von der her wir Jesus tiefer verstehen. Immer wieder gab er – und vor ihm schon die Erzväter und Propheten – Antwort auf etwas, das uns nicht zugänglich ist. Hier erhalten wir einen Schlüssel: Es geht um Erlösung aus Prägung. Wenn, wie Monika Renz entfaltet, als menschlicher Urzustand nicht eine Tabula rasa, sondern unsere Teilhabe am Ganzen, an Gott als non-duale Wirklichkeit angenommen wird, dann gilt zu fragen, warum wir aus diesem Urkontext Gott herausgeworfen sind. Die Antwort lautet: aufgrund von frühester Angst, Urangst. Eine hintergründige ständige Angstbereitschaft führt zu einem Leben in Kompensation, wozu freilich auch Schuld gehört. Wir sind uns selbst und unserer Ursprünge entfremdet. Aus solchem Gewordensein können Menschen aber herausfinden: in eine neue Identität vor und in Gott. Monika Renz steht wie Søren Kierkegaard, Eugen Drewermann, Eugen Biser, Henry Nouwen für eine therapeutische Seelsorge ein: also für eine Kirche, die in der Nachfolge des Heilands ein Heil-Land ist.

Der Kirchentraum von Monika Renz ist mystisch und deshalb gott- und menschennah, erdgebunden und himmeloffen zugleich. »Erlösende« Heilungsprozesse können in Gang kommen, wenn sich Menschen inmitten ihrer Urangst zurückbinden an das paradiesische Urvertrauen und damit an Gott selbst, der sich seinem Volk als Arzt geoffenbart hat (Ex 15,26). Dabei kann jede und jeder Maß nehmen am Mystiker von Nazaret. Ihm war es als Christus, dem menschgewordenen Logos (Joh 1) geschenkt, der Dauerverbundene zu sein. Aber auch uns ist es möglich, die Verbundenheit (connectedness) in den Grund unserer Existenz immer wieder punktuell geschenkt zu bekommen. Eine neue und zugleich uralte Kirche der Hoffnung kann uns mit ihrem reichen religiösen Erbe, ihren Riten und der ihnen zugrunde liegenden Symbolik helfen, sofern ihr und uns die Brücke vom Uralten zum Neuen gelingt.

Dieses Buch ist eine Entdeckung von einer Kirche, die sich ganz an Jesus, dem Mystiker, orientiert. Monika Renz breitet diese Schätze, die den Kirchen anvertraut sind, sorgsam aus und will die Lesenden gewinnen, sich ihrer reichlich zu bedienen: das Kirchenjahr in all seinen verschieden klingenden Zeiten und die Feier von Eucharistie und Abendmahl, die jene wandelt, die sich von der Mystik der Riten und von der atmosphärischen Dichte ihrer Klänge, Rhythmen und Worte erfassen lassen. Hier wird neu verstehbar, was ein Ritus ist und wie die alte Sprache uns erschlossen werden kann. Symbole wie das göttliche Kind, die Jungfrau, das Opferlamm und andere mehr werden neu aufgeschlüsselt, kirchliche Vorgänge neu begreifbar. Die Theologie von Monika Renz, welche in der Psychopathologie wie auch in der Schnittstelle zwischen Tiefenpsychologie und Bibelwissenschaft promoviert hatte, verbindet diese alten Schätze mit zahlreichen Erfahrungen aus den Bereichen der NDE (Nahtoderfahrung) und der Sterbebettvisionen. Denn diese Menschen an den Rändern menschlichen Bewusstseins sind der biblischen Sprache natürlicherweise nahe. Sie könnten uns übersetzen.

In allem aber bleibt der Respekt vor dem letztlichen Geheimnis ebenso wie vor der Persönlichkeit jedes Menschen. Monika Renz erspürt die Sehnsucht der Menschen, verweist auf eine Würde selbst noch im Sterben, die durch keinen Verfall und kein Leiden genommen werden kann. Sie stellt sich mit den ihr anvertrauten Kranken und deren Angehörigen den verschiedensten Nöten und nimmt inmitten der vielfältigen Entheimatungen (Entfremdungen) den Wunsch nach »Heimkehr« wahr.

Dieses Buch ist ein Wurf von einer Kirche der Zukunft, geboren aus dem Leiden, aus jahrzehntelanger geistiger Schwangerschaft. Kirche wird zur »Geburtsstätte der Hoffnung«. Die einzelnen Kapitel sind wie geschliffene Juwelen, die diesen Traum von Kirche zum Glitzern bringen. Pierre Teilhard de Chardin (1937) sagt: »Le monde appartiendra demain, c'est sûr, à ceux qui apporteront à la terre (même dès cette terre) une plus grande espérance« (S. 165).[1] Wörtlich übersetzt: Die Welt wird morgen, das ist sicher, denen gehören, die der Erde (sogar von dieser Erde) eine größere Hoffnung bringen werden.

1 Teilhard de Chardin, P. (1937). La crise présente. Etudes 233 (20 octobre), S. 145–165.

Einleitung

Noch träumt mir von Kirche. Allein schon dass ich noch davon träume, sagt mir: Sie lebt, sie ist nicht tot. Da ist noch Hoffnung.

Das kleine Wort »noch« und die Kraft, die ihm innewohnt, habe ich vor Jahren entdeckt. Wir waren zu dritt. Ein Politiker stritt mit Dorothee Sölle über die Lage der Welt. Er setzte mehrfach an, schilderte die weltpolitische Situation in düsteren Bildern. Sie sagte nach jedem neuen Argument jeweils nur das Wörtchen: »noch« (gemeint: »Noch sieht es so aus«). Mit diesem einen Wort hielt sie die düstere Gesprächsatmosphäre in Schach. Eine Keimzelle der Hoffnung war da. So schrieb ich Ende 2019. Und fuhr fort, von Kirche – gar von einer Kirche der Hoffnung – zu träumen.

Heute stecken wir mitten in der weltweiten Covid-19-Krise. In den letzten Wochen wurde sichtbar, dass wir Hilfe brauchen. Eingeschlossen in ihren vier Wänden, wurden Menschen depressiv. Andere konsumierten Alkohol, weil Ablenkung im Außen fehlte. Schwierige Ehen gestalteten sich noch schwieriger, rebellische Kinder waren noch rebellischer.

Anderseits entstanden genau jetzt, in den ersten Wochen der Krise, Zellen der Solidarität und der Spiritualität: Menschen schafften es plötzlich, nachbarschaftlich zu helfen. Andere litten mit im Blick auf die Ärmsten dieser Krise. Sie gingen mit eigenem und fremdem Leid vor Gott. Es gab Menschen, die Kerzen auf den Fenstersimsen anzündeten oder kirchliche Angebote in den Medien anklickten und denen es naheging, dass die Kirchen über diese Ostertage geschlossen blieben.

Von meinen verwegenen Hoffnungen ist etwas wie über Nacht wahr geworden. Wie viel? Wie nachhaltig? Zellen der Solidarität und Spiritualität – genau das ist es, was wir brauchen, um all das verdichtete Leid, das krisenbedingt an uns herankommt, durchzustehen.

Und nach der Krise? Was brauchen Menschen generell, um aus den Trümmern des Zerstörten wieder aufzustehen – gleichgültig, ob die Krise als Pandemie oder Krieg, als Serie familiärer Schicksalsschläge oder als anhaltendes Mobbing am Arbeitsplatz daherkommt? Der normale Alltag sollte losgehen, und zugleich geht das nicht so einfach. Vielen Menschen, Familien, Ländern, ja der Welt als Ganzer ist die Zukunft wie genommen.

Menschen brauchen auch dann, aller konkreten Hilfe voran, Sammlung und Keimzellen neuer Hoffnung: genau das, was »Kirche« für die frühen Christen ausmachte. Denn bevor wir wissen, was wir inmitten von Chaos und Zerstörungen konkret tun können – wo helfen und wie überhaupt den Tag beginnen –, brauchen wir Hoffnung und Zentrierung. Unsere Seele muss sich finden, sich wieder aufbauen. Einige schaffen dies von selbst, etwa über Disziplin, körperliche Bewegung, einen Tagesrhythmus, über Natur, Kontemplation oder Gebet. Andere – die meisten – brauchen Führung, damit sie überhaupt an diesen Punkt kommen. Ihnen hilft etwas Geregeltes: Gemeinschaft und Geist. Und doch einen anderen Geist als denjenigen von Politik oder Wirtschaft.

Menschen brauchen einen Raum für die Klage, für das Gebet und das »Feiern trotz allem«. Einen Ort, wo sie aufgerichtet und neu ausgerichtet werden. Woraufhin? Nach innen oder auf das Wesentliche ihrer selbst. Auf jene Dimension hin, welche uns übersteigt und zugleich tief innen nährt: Gott, den Ewigen oder wie immer man das Göttliche benennt. Kirche ist vornehmlicher Ort, wo dies geschieht. Mir träumt von einer Kirche als Keimzelle der Hoffnung.

Was aber macht die christlichen Kirchen zur Geburtsstätte und zum Raum der Hoffnung? Das wird Thema sein durch das ganze Buch hindurch. Hoffnung haben wir nicht einfach so. Bevor Hoffnung konkrete Gestalt annimmt, wird sie keimhaft gezeugt. Sie wird zunächst vermisst und entsteht dann etwa, indem wir in Bewegung kommen, tätig werden, aber auch als Frucht eines Geheimnisses: In guter Hoffnung sind wir, wenn wir schwanger sind.

Vom Wort her heißt hoffen, etwas mit Zuversicht zu erwarten, Vertrauen in die Zukunft zu haben. Die Herkunft des vielleicht durch die angelsächsische Mission auf dem Festland bekannt gewordenen Verbs, welches das althochdeutsche Wort (gi)thingen und das mittelhochdeutsche (ge)dingen verdrängte, ist nicht geklärt.[2] Der Begriff (englisch: hope) erinnert an hoppeln, hüpfen, auch wenn für den Ursprung des Wortes vielleicht nicht bedeutsam. Hoffnung ist vergleichbar mit jener Kraft, welche uns im Hüpfen entgegenkommt oder dort, wo wir wie ein Hase fähig sind, die eingeschlagene Richtung unvermittelt zu wechseln und doch das Ziel nicht aus dem Auge zu verlieren. Hoffnung birgt die Energie des Neuen, sie ist nicht zu verwechseln mit Widerstand.

Wie aber keimt Hoffnung auf, wie kommen wir in Bewegung? Den vielen Patienten, die in ihrer Situation

---

2 Mhd. hoffen, mnd. hōpen, hoppen, hapen, mnl. hōpen, nl. hopen, altenglisch hopian (9. Jh.), englisch to hope (Kluge & Seebold, 2011, S. 411).

hoffnungslos überfordert sind, rate ich jeweils, mit etwas Kleinem einfach mal anzufangen, damit ein Anfang gesetzt ist. Ich sage etwa: »Probieren Sie es heimlich, beginnen Sie in einer stillen Stunde.« Religiös gesprochen dann, wenn der Heilige Geist vernehmbar ist. Hoffnung wächst im Geist, aber auch, wo Menschen sich finden. Es braucht oft zwischenmenschliche Unterstützung.

Die Ur-Idee »Kirche« beinhaltete genau das: Die frühen Christen fanden sich – selbst inmitten von Verfolgung. Auch heute gibt es eine Kirche der Hoffnung etwa dort, wo Menschen betend oder klagend vor Gott treten und so – ausharrend – auf Neuwerdung setzen. Christlich gesprochen, auf Auferstehung. Von Jesus her sind wir berechtigt, uns als Kirche der Hoffnung zu verstehen. Es ist heute – angesichts von so viel Morbidem in unseren kirchlichen Institutionen und inmitten von so viel Kritik – gewagt, ausgerechnet von einer neuen Kirche zu träumen. Und doch träumt mir genau davon. Von einer Kirche der Hoffnung, einer Kirche für die Verzweifelten, Armen, Lahmen, Entrechteten, auch für die mitten im Wohlstand Wach-gebliebenen, kritisch Hinterfragenden, einer Kirche für jeden Einzelnen, für uns, für mich.

Was heißt aber »für uns«? Wer sind die Gläubigen von heute, von morgen? Wohlgemerkt, um eine Kirche als System von Kontrollmacht geht es mir nicht.

Meine Sehnsucht gilt einer Kirche als Ur-Raum neuer Gemeinschaften, welche – kleiner oder größer – zum Schoß neuer Hoffnung werden. Denn bevor die Welt neu wird, wird die Hoffnung daraufhin geboren. Eine solche geistige Schwangerschaft geschieht etwa in einer Kirche der Betenden. In einer Kirche der »Frommen von heute«, die, gerade weil sie fromm sind (d. h. geradlinig, verlässlich, verantwortungsfreudig)[3], gegen Missstände noch aufbegehren und auf Zukunft hoffen.

Und inhaltlich? Was steht auf der Flagge einer solchen Kirche? Mir träumt in erster Linie von einer *religiösen* Kirche, in der die je persönliche Beziehung zwischen Mensch und Gott gepflegt, ja sogar neu geboren wird.

Eine Kirche, die *Gott* in ihre Mitte holt, wie schon im alttestamentlichen Bund zwischen Gott und seinem Volk geschehen: Gott wanderte mit Mose und dem Volk mit. Er zeltete (im Offenbarungszelt) unter den Menschen, in ihrer Mitte, und sprach: »Ich will mitten unter den Israeliten wohnen und ihnen Gott sein. Sie sollen erkennen, dass ich, der Herr, ihr Gott bin …«

---

3 Das hebräische Wort jaschar (bspw. in Ps 33,1) bedeutet fromm, aber treffender: gerade, geradlinig. Und das hebräische Wort chasid oder hasid, abgeleitet von hesed (Substantiv), ist die Tugend des altisraelitischen Menschen und meint die Freude zur Verantwortung und Bindung. Fromm im Sinne von sich gerne an Gott bindend und großherzig (généreux). Eine schöne Stelle findet sich in Ps 31,24. Da heißt das Wort auch vertrauenswürdig, zuverlässig, verlässlich. Beide Worte ergänzen sich (etwa in Micha 7,2).

(Ex 29,45–46). Solches geschieht etwa in Stille, Musik, Ergriffenheit und Anbetung. Mir träumt von einer Kirche als Ort, wo das Geheimnis ehrfurchtsvoll gefeiert und Menschen in den Glauben innerlich hineingenommen werden. Wo die unmittelbare Gottesbeziehung und die heiligen Schriften in ihrer ursprünglichen Bedeutung im Zentrum stehen. Im Bekenntnis zu Gott ist Kirche bisweilen Ausdruck eines geistigen Trotzdem: trotzdem Gott (vgl. Kap. 2.1; 2.4). Denn wie dieses Buch zu zeigen versucht, brauchen Menschen selbst in ihrer Gottesabwendung nicht weniger, sondern mehr »Gott« – GOTT. Und hierzu: Gotteserfahrung.

Eine solche Kirche ist auch eine *jesusnahe* Kirche. Eine Kirche, die Jesus als Vorbild und Urbild neu erstrahlen lässt und die nicht aufhört, Gottes Reich schon im Hier und Jetzt zu suchen. Jesus will unsere Wahrhaftigkeit und Würde (vgl. Kap. 2.2), aber auch unsere Erlösung und Heimfindung zu Gott (vgl. Kap. 2.4). Mir träumt von einer Kirche, die in Jesus den Mystiker erkennt, den ganz mit Gott (mit dem Vater) Verbundenen. In solch einer Kirche wird Jesus und etwas vom Stil, wie er den Menschen begegnete, erfahrbar. In Verkündigung, Ritus, im Begehen ihrer Hochfeste (vgl. Kap. 3) und in der Gemeinschaft der Glaubenden kann der ganze Jesus lebendig werden. Entscheidend für die Nachwelt war Jesu Art zu leben, zu lieben und sich im

Leiden und Sterben zu verhalten. Die Kirche lebt von diesem Erbe Jesu – oder sie ist tot.

Ich träume von einer menschennahen Kirche, die – von Gott erfüllt – zu den Menschen, gemäß Papst Franziskus, bis an die Ränder unseres Daseins geht (vgl. *Gaudete et Exsultate* 135). Mein seit Kindheitstagen größter Traum ist eine erlösende Kirche, Erlösung war schon damals das Wort. In einer menschennahen Kirche sind wir Menschen in unserer Bruchstückhaftigkeit erlaubt. Wir dürfen Wege gehen. So wird Kirche zum Raum für Neuwerdung. Ihre Gottesdienste können zum Gefäß für tiefe seelische Prozesse (vgl. Kap. 3; 4) werden. Denn Kirche hat – mehr als der Staat – auch eine emotionale Aufgabe.

Ich träume schließlich von einer *therapeutisch-solidarischen* und *betenden* Kirche. Darin sind Solidargemeinschaft, Liebe und Vergebung keine Worthülsen und ereignen sich auch nicht allein ethisch motiviert. Eine solche Kirche als Geburtsstätte von Hoffnung wächst, wo immer Menschen sich – auch unter weltlichen Vorzeichen – im Geiste des Höchsten sammeln.

So geschehen etwa in meinem Arbeitsalltag: Meine Mitarbeiterinnen und mein Mitarbeiter haben sich inmitten von großen internen Problemen tief mit mir verbündet. Mehr als einmal sagte eine ansonsten nicht speziell religiöse Kollegin: »Ich möchte den Tag mit einer

Schweigeminute beginnen« oder »mit einer kurzen Begegnung«. Ob ausgesprochen oder nicht: Gott war da. Geist war da.

Wo aber inmitten von großem Leid Hoffnung ehrlicherweise nicht aufkommen kann, da braucht es nicht weniger, sondern noch mehr »Kirche«. Nicht weniger Sammlung und Liebe, sondern noch mehr. Da wird Kirche zum Ort, wo gebetet und – im Geiste verbunden – durchgehalten wird. Keimzelle für das Neue.

Auf den Punkt gebracht, gilt mein Traum

1. einer Kirche der Gottnähe (worin ich die Begegnung mit Jesus einschließe) und der unmittelbaren Gotteserfahrung,
2. einer Kirche der Menschennähe,
3. einer Kirche der Hoffnung.

Anders gesagt, träumt mir von einer mystischen, menschennahen und betenden Kirche. Jesus hat uns alle drei Aspekte gelehrt. Darum können wir auch ganz einfach die Vision einer sich radikal an Jesus orientierenden Kirche vor Augen haben.

Dieses Buch ist ein Bekenntnis. In seiner Idee war es bereits Beitrag eines elektronisch erhältlichen Sammelbandes, worin Theologinnen und Theologen aus aller Welt für Papst Franziskus argumentieren (vgl. Zulehner

& Halík, 2019). Die Idee ließ mich seither nicht mehr los, ich träumte weiter; es entstand das Wort Hoffnung als Mitte einer Kirche der Zukunft. Der Traum wurde krisenbedingt nur noch brisanter. Möge er inspirieren.

In großer Dankbarkeit schaue ich zurück auf die Entstehungszeit dieses Buches. Allen voran danke ich Manuel Herder und Simon Biallowons für ihre Motivation und herausragende Unterstützung. Ich danke Florian Pletscher für das Lektorat. Mein großer Dank gilt auch meinen theologischen Gesprächspartnern Prof. DDr. Roman Siebenrock, Prof. em. Dr. Adrian Schenker, Prof. em. Dr. Paul Zulehner, Dr. Roman Giger, Regina Stillhart und meiner Mutter Helen für ihre Treue zur Sache, ihre Ermutigung, weiterführende Kritik und ihre konkreten Hilfestellungen. Ich danke den vielen Patienten und Patientinnen, sie wurden und sind mir Lehrer und Lehrerin. Ich danke meinem Vorgesetzten Prof. Dr. med. Christoph Driessen und meiner Supervisorin Dr. med. Gisela Leyting. Ich danke Dr. phil. Miriam Schütt, Claudio Gloggner, Dr. med. Urs Ruegg, Anne Duveen, Julia Herkert, Dr. med. Ursula Speck, Lilo Bohnenblust. Ich danke meinen Geschwistern, meinem Mann Jürg und meinem verstorbenen Vater. Mein letzter Dank gilt Jesus.

1. Vision Kirche – nur ein Traum?

1.1. Mein Kindertraum, mein Jugendtraum

Schon als Kind war ich angezogen von Jesus und vom Phänomen »Kirche«. Es gab etwas ganz Bestimmtes, das mich inspirierte, ohne dass ich gewusst hätte, was es war. Ich fand es in Kirchenliedern, im Kindergottesdienst, den ich Woche für Woche freiwillig besuchte und dafür einen Fußweg von mehreren Kilometern in Kauf nahm.

Was das Wort sakral bedeutete, wusste ich nicht. Oder doch? Manchmal gab es Begebenheiten, die ich heute als Erfahrungen mit dem Heiligen benennen würde. So etwa, als unser Pfarrer, ein begnadeter Priester, uns angehenden Erstkommunikanten im Religionsunterricht erzählte, was ihm widerfahren sei, als er erstmals einen Tabernakel geöffnet habe. Was ein Tabernakel ist, wusste ich natürlich nicht. Es musste etwas Interessantes und Ehrwürdiges sein, denn während der Pfarrer von seiner Erfahrung erzählte, sah ich ein

Licht. Das Licht wurde groß und hell. Es war bläulich und zugleich strahlend weiß. Mir wurde schwindlig. Dann – Mut fassend – fragte ich ihn, ob er dieses Licht jetzt auch sehe? Und er, beeindruckt von meiner Frage, schwieg lange. Dann sagte er: »Monika, fahre weiter so.«

Es entstand ein Traum, der mir als solcher lange nicht bewusst war. Selbstverständlich wollte ich Priesterin werden. Als vierjähriges Kind war mein Bild von Gott, Jesus, Kirche und mir selber noch intakt wie eine Kugel: Alles war möglich und gut. Selbstverständlich war alles Gute auch für Gott »gut«. Und was gut war und was demgegenüber ungut, spürte ich im Brustraum – oder ich meinte, es zu verspüren. Dann, um die Zeit der Erstkommunion herum, realisierte ich: Priesterin in der katholischen Kirche war in der damaligen Zeit nicht möglich.[4]

Doch der Traum wirkte weiter: Er hatte zu tun mit Musik und mit Heilen. Meine Berufssuche kreiste um ihn. Nach der Matura machte ich ein Praktikum in Musiktherapie, traute mir dann aber diesen diffizilen Beruf vorerst nicht zu. Ich wurde Volksschullehrerin. Erneut

4 Meine Stellungnahme zum Frauenpriestertum: Damit bekenne ich mich auch zum Frauenpriestertum. Es ist für mich selbstverständlich, so wie Jesu Verhalten zu den Frauen, gemessen an den Gepflogenheiten der damaligen Welt, geradezu bahnbrechend war. Ich möchte mich aber nicht dieser oder jener Widerstandsbewegung anschließen. Allzu schnell haben Menschen, wenn der Widerstand Oberhand gewinnt, etwas noch Tieferes auch verloren: etwas von ihrem grundsätzlichen Ja, etwas von ihrer Gottesbeziehung. Mein Weg ist vielmehr jener des aktiven Leidens: Ich leide am einseitigen Männerpriestertum. Ich bleibe im Leiden, ich warte, bete, atme – und beziehe, wo nötig, Stellung.

fasziniert vom Undefinierbaren, studierte ich berufsbegleitend Musikethnologie, später auch Entwicklungspsychologie, Pädagogik und Psychopathologie.

Besonders interessierten mich Heilriten verschiedener Völker und darin die Bedeutung der Musik. Aber auch die Tiefenpsychologie von C. G. Jung. Ich fragte mich: Wie ist unsere Seele in ihrer Tiefe strukturiert? Wovon sind wir Menschen zutiefst angezogen, wovon geprägt?

Ich wurde Musiktherapeutin und bald einmal auch Psychotherapeutin. Zunächst arbeitete ich mit Kindern, dann mit Krebskranken und Sterbenden. In der Begleitung Sterbender kam ich bisweilen in Berührung mit einem absoluten Geheimnis – vielleicht dem Geheimnis schlechthin.

1.2. Im Gespräch mit der Theologie

Doch was sagt die Theologie zum Geheimnis? Wie benennt, wie begründet sie es? Was antwortet sie auf die vielfach erlebte Gottferne, überhaupt auf die vielen Fragen heutiger Menschen, etwa unserer Patienten? Was beinhaltet die seelsorgerische Begleitung unserer Kranken, wenn man Seelsorge nicht nur als »einfach da sein« versteht, sondern sie von ihren ureigenen Quellen her andenkt, von Gott (die Gottferne eingeschlossen), von Jesus und biblischen Bildern her?

Als bereits tätige Psychoonkologin begann ich berufsbegleitend nochmals von vorne: Ich studierte Theologie. Ich lernte die schier unüberwindbare Kluft zwischen einer lebendigen Theologie und einer oft erstarrten Kirche kennen. Wer schafft den Spagat über die Kluft hinweg?

Ich suchte Vorbilder: Mutter Teresa, der südafrikanische Bischof Tutu, eine unscheinbare Tante. Aber auch Verstorbene wie die heilige Monika, Franz von Assisi, Dag Hammarskjöld oder Karl Rahner. Heute reihe ich Papst Franziskus hier ein. Immer wieder ertappe ich mich, wie etwas in mir für ihn aufschreit und betet.

Als Theologiestudentin und als promovierte Theologin machte ich wiederholt die bittere Erfahrung, ausgeschieden zu werden aus Kreisen von Seelsorgern, Kirchen (katholisch wie evangelisch) und teils sogar von der universitären Theologie.

Trotzdem blieb aber der Traum. Heute weiß ich: Er gilt einer (neuen) Kirche. Keine Frage, dass die Kirche der Träume eine sein wird.[5]

---

5 Meine Stellungnahme zur Ökumene: Ich verwende im Folgenden das Wort Kirche, ohne nach Konfessionen zu fragen und ohne einzelne Adressaten (Institutionen, Würdenträger, theologische Disziplinen) herauszugreifen. Dahinter, etwa hinter einem Konzil, hinter einem Lehrstuhl, einer Organisation, stehen stets Menschen. Alle christlichen Gemeinschaften sind in solch einer Kirche der Zukunft vereint.

2. Eine Kirche, die von Jesus her Antwort gibt

In diesem Kapitel versuche ich meinen Traum in Berührung zu bringen mit vier aktuellen Herausforderungen des westlichen Kulturkreises. Alle vier kreisen um das Spannungsfeld zwischen exzessivem Wohlstand und dem damit einhergehenden Glücksanspruch einerseits und dem menschlichen Leiden andererseits. Kirche darf hier nicht mutlos schweigen. Sie hat mit Jesus ein ausgezeichnetes Vorbild, um auf jede dieser Herausforderungen zu antworten.

2.1. Mystik statt eine beliebig gewordene Spiritualität

Eine erste Herausforderung kommt uns heute entgegen in einer Spannung zwischen religiöser Vielfalt oder spiritueller Beliebigkeit einerseits und einer tiefen Sehnsucht andererseits. Die Sehnsucht ist im Letzten religiöser Art und doch als solche schwer einzufangen. Meist unerkannt, ist sie irgendwie »da«, erkennbar darin, dass etwas im Menschen wie nicht abgeholt ist.

Spiritualität ist im Trend, immer noch. In Diskussionen geht es aber oft gar nicht mehr um Gott oder das Heilige, sondern – am Numinosen und Letztlichen vorbei – um eine Atmosphäre des Wohlbefindens bis hin zum Wellness-Kult. Im Kontext von Palliative Care beispielsweise wird Spiritualität bisweilen gar als »Familie-sein«[6] definiert, um ja nicht Worte wie Transzendenz oder Gott verwenden zu müssen.

Spiritualität war demgegenüber ursprünglich Begriff für die Erfahrung mit dem unmittelbaren Gott (griechisch: pneumatikos, lateinisch: spiritualis). Inzwischen findet man das Wort häufig als Ersatzbegriff für das Religiöse. Derart beliebig interpretiert, driftet Spiritualität aber oft an der tieferen Sehnsucht des Menschen vorbei. Gibt es diese überhaupt? Sehnsucht nach einem Seindürfen anderer Art?

Etwas von dieser Sehnsucht, nämlich jene nach Entgrenzung, spüre ich in der heutigen Eventflut. Doch wem gilt da unsere Verehrung, unser »Lobpreis«? Ein

6 Entnommen aus mündlichen Diskussionen von Experten. – Als Konsensdefinition im Rahmen von Palliative Care und Spiritual Care gilt etwa folgende Formulierung: »Spirituality is the aspect of humanity that refers to the way individuals seek and express meaning and purpose and the way they experience their connectedness to the moment, to self, to others, to nature, and to the significant or sacred«, Puchalski et al. (2009).

anderer Aspekt, die Sehnsucht nach Verbunden-sein, kommt mir entgegen in der Handykultur der Jungen. Und auch dort, wo Erwachsene den Jungen nacheifern. Das Handy steht für »Verbindung schlechthin«: Ich bin online, am Netz, mit dabei. Hier ist Sehnsucht längst zur Sucht geworden. Keiner ahnt mehr, wonach er sich im Eigentlichen seiner selbst sehnt. Das Phänomen Sehnsucht hat zu tun mit der Suche nach etwas Verlorenem, wovon ich doch entfernt irgendwie »weiß«. Süchtig suchend bin ich dort, wo mir emotional etwas fehlt.

Es ist Bekenntnis und doch vielfältige Erfahrung, dass uns im Tiefsten etwas Zentrales verloren ging: eine andere Welt, das Himmelreich, Gott in seiner Unmittelbarkeit und damit verbunden unsere eigene Wesensmitte (vgl. Kap. 2.4). Der Durst gilt tatsächlich einer Connectedness, um das englische Wort einzuführen, das treffender ist als das deutsche Wort Verbunden-sein. Sehnsucht wäre per se eine tief religiöse Kategorie. Technisch ausgedrückt, ist uns irgendwann das Angeschlossen-sein ans Netz des Göttlichen entschwunden. Das Netz oder das Himmelreich wäre stets da, doch der Mensch hat irgendwann, irgendwie den Stecker herausgezogen. Unbemerkt hat er sich von Gott, vom Ganzen abgekoppelt. Wann, wieso?

Dies ist zunächst nicht Frage von Schuld, sondern von Angst. Die Kirche sieht sich in dieser Herausforderung ebenso wie die Psychologie vor der Aufgabe, überhaupt erst zu verstehen. Gefragt ist – tiefer noch als die Aufarbeitung menschlicher Schuldgeschichte – jene der menschlichen Angstgeschichte. Warum aber Angst? Welche Angst? Und was hat eine solche mit Spiritualität und mit Gott zu tun?

Meine einstige musik- und psychotherapeutische Arbeit mit frühgestörten Menschen und die langjährige Begleitung von Schwerkranken und Sterbenden haben mich auf ein bewusstseinsfernes Phänomen verwiesen: Angst in ihrer Urform, Urangst. Diese wird insbesondere an den Rändern menschlichen Lebens sichtbar.

Urangst ist zu einem Schlüsselbegriff meines Menschenbildes geworden. Sie meint nicht einzelne fassbare Ängste etwa vor Krieg, Einsamkeit oder einem engen Tunnel. Sie ist vielmehr Angsthintergrund und kann verstanden werden als ständige Reaktionsbereitschaft von Angst und Stress. Als solche bewegt sie zur Flucht.

Urangst gehört zur menschlichen Prägung: conditio humana. Nicht allein aufgrund unseres Wesens, sondern auch aufgrund von Urangst wurden wir, was wir sind. Unsere individuelle Entwicklung, aber auch alle jahrtausendealte kollektive und kulturelle Bewusstseinsentwicklung wurde von dieser Angst angetrieben – nur je unterschiedlich ausgeprägt. Angst ist die Triebfeder.

In unserer Kultur gehe ich von einer verstärkten (Ur-)Angst aus. Sie führte zu vermehrter Betonung der

Ratio und der Macht. Das machtvolle Abwürgen, Ablenken oder nur schon das Verdrängen des Unerträglichen wurde hierzulande zur Bewältigungsstrategie. Damit einher geht eine offene oder subtile Machtausübung über andere.

Was aber hat diese Prägung der verstärkten Urangst zu tun mit Religion und Spiritualität, ja mit Gott? Ein Blick in die Ursprünge dieser Angst vermag diese Frage zu erhellen:

Urangst entstand in der frühesten (individuellen und kollektiven) menschlichen Entwicklung. Damals ging es um den Abschied aus der Ureinheit und um Ich-Werdung. Unter welchen Vorzeichen gelang dieser Entwicklungsschritt? Wie verlässt das werdende Ich den Urzustand des Eins- und Aufgehoben-seins? Und wie geschah dies beim Urmenschen, welcher mehr und mehr sich seiner selbst bewusst wurde und die Welt aus eigener Perspektive sah?

Dass es diese Ureinheit als menschliche Ausgangslage gebe, ist vorerst Bekenntnis, aber auch vielfache therapeutische Erfahrung. Tiefer als alle Angst ist Urvertrauen in uns gespeichert. Der Mensch ist letztlich eins mit dem Ganzen, religiös gesprochen: angeschlossen an Gott. Ein Zustand vor aller Zeit und außerhalb!

Diese zutiefst heile Befindlichkeit ist Teil von uns und älter als alle Differenzierung. Der Embryo oder das

Neugeborene erkennt noch keine Mutter, sondern erlebt nur das Ganze, Eine. Dann, mit fortschreitender Entwicklung erlebt sich das anfangshafte Ich im großen Ganzen geborgen »drin« und behütet.

Ähnlich erlebten auch die Menschen zu Urzeiten nur das Ganze, Eine und sich selbst zunächst als Teil davon. Und wenig später als darin geborgen. Dieses Ganze wird vom Embryo und vom Säugling, und es wurde vom Menschen zu Urzeiten so lange als das rundum Gute erlebt, als die menschliche Fähigkeit zur Differenzierung nur rudimentär entwickelt ist/war. Nach diesem unhinterfragten Dazugehören und nach dieser ursprünglichen Geborgenheit sehnt sich etwas in uns lebenslänglich.

Doch irgendwann kommt/kam ein Bruch: das Ich beginnt/begann als solches zu werden und empfindet/empfand Sorge um sich, es erlebt/erlebte aus eigener Blickrichtung. Urangst kommt/kam auf. Eine Frühform von Existenzangst. Das werdende Ich erlebt/erlebte sich auf seine winzigen Ich-Ansätze wie zurückgeworfen, als hinfällig, fragil, verletzbar. Urangst hat zu tun mit einer sich verändernden Wahrnehmung: weg vom Urzustand und hin zum Ich-sein.

Gerade dann, wenn wir die Anfänge menschlichen Werdens als solchermaßen spirituelles Geschehen begreifen, wird verständlich, warum Sehnsucht im Tiefsten eine »religiöse« Kategorie ist. Und warum es bis heute vornehmlich die spirituellen Erfahrungen sind (etwa in Nahtoderfahrungen, im Sterben, in Exerzitien, Meditationen, Therapien), die ganz tief heilen.

Punktuell erlebt der Mensch sich dabei nicht mehr als »Ich«, sondern erneut als »Teil des Ganzen« und »seiend«. Manche sprechen von Gott, andere möchten das Geheimnis offenlassen. Karl Rahner (1969, S. 16) redet im Rahmen einer Sendereihe des Süddeutschen Rundfunks von Gott als dem letzten Wort vor dem Verschweigen. Das Unsagbare ist für das Ich unerreichbar fern und doch mystisch erfahrbar: als ein Sein und Verbunden-sein.

Wenn ich vorhin von einer beliebig gewordenen Spiritualität gesprochen habe, so erkenne ich darin eine tiefe Sehnsucht nach diesem geheimnisvoll Anderen bei gleichzeitiger Angst, sich da verbindlich festzulegen. Warum beides? Das ewig Andere, Gott in seiner Unmittelbarkeit, ist zutiefst faszinierend wie auch übersteigend (Tremendum et Faszinosum, wie Rudolf Otto bereits im Jahr 1917 formulierte). Es ist auch Inbegriff des Respekt- und Angstauslösenden. Die unmittelbare Gotteserfahrung erfüllt und erinnert zugleich an die Urangst und den einstigen Bruch.

Was kann die Kirche auf die zunehmend beliebig gewordene Spiritualität antworten? Was auf die Sehnsucht nach Verbunden-sein? Die erste Antwort heißt Mystik, die zweite liegt in der Umkehr der Kirche selbst.

Die Fragen der Mystik lauten: Wie können wir Menschen wieder an unseren tiefsten Lebensquell angeschlossen werden? Wo in uns drin können wir – wider alle Angst – zu neuem Urvertrauen und zu Ahnungen eines ganz anderen, zutiefst erlaubten Seins finden? Es geschieht über die direkte Erfahrung mit dem Heiligen, Größeren, mit Gott. Genau sie, die uns an den Punkt der Urangst heranführt, kann etwas in uns auch heilen.

Warum aber braucht es eine Umkehr auch der Kirche? Ich denke an die jahrhundertelange Erfahrungsscheu der Kirchen. Es wurde versucht, Gott, der stets unmittelbar erfahren wird, (ver-)mittelbar zu machen, kirchlich zu verwalten. Kirche wurde zur Kontrollmacht über das Wichtigste, was unsere Seele braucht: die Beziehung zu Gott (vermehrt katholische Entwicklung). Die unmittelbaren Gotteserfahrungen wurden ferner zugunsten der vernunftgeleiteten Schriftauslegung verdrängt (vermehrt evangelisch-reformierte Entwicklung). Da wie dort wurden Gotteserfahrungen nicht verstanden und umgedeutet.

Wie kann eine heutige Kirche diese Engführung und ihre eigene Hemmschwelle übersteigen, ohne das biblische Fundament zu verlieren? Jesus selbst gibt und ist Antwort. Wie werden seine Worte neu lebendig *in uns*?

Etwa seine Rede vom Himmelreich oder vom guten Hirten? Wie können wir als Einzelne oder als Viele den heiligen Erfahrungen Jesu folgen, etwa jener der Verklärung beim Berg Tabor? Können auch wir uns vom Heiligen ergreifen lassen, ohne dieses festzuhalten (d. h. ohne Hütten zu bauen)? Wie erwachen die alten Erzählungen von Noah, Abraham und Mose neu zum Leben? Wie wird ihr mit Gott geschlossener Bund zur Erfahrung und dann zum Glaubensgut *in uns*?

Nur schon so zu fragen und Umkehr auch als Institution *zu wollen*, wird zur Antwort. Es sind dann die Seelsorger vor Ort, die den Gottesdienst so gestalten, dass er zur inneren Erfahrung werden kann. Aber auch unser aller Beten und Warten und darin die aufrechterhaltene Hoffnung ist Antwort: Aus der Erfahrung Einzelner, ja Vieler wächst von innen heraus das kollektive Gefäß des Preisens: die mystische Kirche.

2.2. Von der entleerten Würde zur Erfahrung tiefster Identität

Wer sagt mir, wer ich bin? Was heißt Menschenwürde im Leben und im Sterben? Eine zweite Herausforderung sehe ich in der vielerorts ehrfurchtlos gewordenen Gesellschaft und in deren Anspruchshaltung. Was Freundschaft, Zeugung, Geburt und Tod, was Krankheit und Heilung sind, meinen wir zu wissen. Die Höhepunkte und Tiefpunkte des Lebens, die natürlicherweise Tor zur Erfahrung mit Gott (mit einem »Mehr als nur Mensch«) wären, haben ihren heiligen Klang verloren.

Damit einher geht oft der Verlust von tief identitätsstiftenden Erfahrungen, die über das Egomane oder Narzisstische (das sich beispielsweise im Selfie-Kult ausdrückt) hinausgehen. Erfahrungen von innerer Würde kennen wir kaum, auch wenn ständig von Menschenwürde und Selbstbestimmung (etwa als Wertmaßstab »das stimmt so für mich«) die Rede ist. Selbstbestimmung mag in Einzelfällen reife Selbstverantwortung meinen, meist aber versteckt sich dahinter Egozentriertheit und Überheblichkeit. Es ist der Stimmtonfall oder der Blick, der die innere Haltung durchschimmern lässt.

Als Sterbebegleiterin begegnen mir Ehrfurchtslosigkeit und die zur Worthülse gewordene Forderung nach Würde oft in der Rede vom sogenannten menschenwürdigen Leben und Sterben, in der öffentlichen Debatte rund um Sterbehilfe und in der Frage, was würdiges Sterben sei.

Würde, ein Kulturbegriff, ist ein tief humaner Wert – auch dort, wo er sinngemäß auf Tiere erweitert wird. Würde appelliert an artgerechtes, wertschätzendes

Verhalten und nimmt uns in die Verantwortung. Auch Papst Franziskus betont die Würde in seinen Veröffentlichungen.

Dennoch kommt mir dasselbe Wort, obwohl ein wichtiger Wert wahrer Humanität, beim genauen Hinhören oft wie entleert entgegen. Jede Woche höre ich es von Patienten, Patientinnen, Angehörigen und Fachpersonen, etwa als Ruf nach würdigem Leben und Sterben. Wenn ich dann nachfrage, was konkret damit gemeint sei, kann es kaum erläutert werden: Manche sagen »wenig Schmerzen« und meinen doch mehr als allein das. In den Köpfen vieler Menschen figuriert der Begriff Würde als Synonym für eine als solche nicht bewusst gemachte Anspruchshaltung: gutes Aussehen, wenig Abhängigkeit, etwas Luxus, bevorzugte Behandlung.

Entsprechend mehren sich die Anklagen der Kranken, ihr Zustand (ihr Aussehen, ihre schwindende Mobilität und Funktionstauglichkeit) sei unwürdig. Die kollektive Entwertung der Lebensqualität in Krankheit, Schwäche oder Alter – wie dies in der Rede vom selbstbestimmten Sterben beiläufig oft geschieht – hat sich solcher Menschen in ihrem ohnehin angeschlagenen Selbstwertgefühl bemächtigt. In der Folge sind sie nicht nur krank und schwach, sondern sehen sich noch ihrer Würde beraubt.

So wichtig Selbstbestimmung zu Lebzeiten im Gegenüber von Menschen und (hoch technisierten medizinischen) Systemen ist, so sehr kommt diese doch an ihre Grenze angesichts von Natur, Schicksal, Tod und der Frage nach einem Darüber-hinaus. Sterben ist wie die Geburt etwas, das uns überkommt. Es kann natürlicherweise nicht »gestaltet« werden. Und Würde ist kein Ego-Begriff, ist egoman und als Anspruch gerade nicht einzuholen. Würde ist nicht dasselbe wie Selbstbestimmung.

Wo ist hier die Stimme von Seelsorge und »Kirche«? Die Kirche hat mit den Wüstenvätern und mit namhaften spirituellen Lehrern wir Johannes Gerson (1363–1429) oder Ignatius von Loyola (1491–1556) ein sehr schönes Bild zur Hand, nämlich die Unterscheidung der Geister. Die Geister zu prüfen, wurde damals als Gabe des Heiligen Geistes betrachtet. Es ging um das Durchschauen: Welche Vision oder Entrückung kommt von Gott, welche ist Einflüsterung des Bösen (vgl. Schlosser, 2015, S.175–186)? Wenn ich diese Worte heute verwende, so möchte ich damit nicht den Teufel heraufbeschwören, nein. Das Böse darf, ja kann gerade nicht personifiziert werden. Das wäre zu simpel. Ich nehme den Begriff als solchen ernst: Es geht um Unterscheidung und Sensibilisierung im Geistigen. Es gibt Geist, aber auch Ungeist. Gefragt ist Differenzierung fremder wie eigener Impulse, Differenzierung schon im Hinhören auf Fragestellung und Stimmtonfall. Vonnöten wären – als Kirche und als Einzelne – eigentliche Bewusstwerdung von geistigen Kämpfen, das Wahrnehmen von Anfechtungen und Selbstüberschätzung. Bewusstwerdung auch über eigene im Dunkeln liegende Motivationen.

Was wir brauchen, ist eine Verhaltenskompetenz im Umgang mit dem Abgründigen der eigenen Seele, etwa mit Wut, Verletzungen, Sucht. Und in all dem das Wissen, dass wir vieles gerade nicht verharmlosen dürfen. Die Unterscheidung der Geister gehört eigentlich zum Kerngeschäft von Kirche und müsste doch völlig neu – als spirituelle Kompetenz jenseits von Exorzismus – angedacht werden. Hat Kirche aber den Mut zur Unterscheidung der Geister?

Mit Blick auf die Suizidbegleitung muss ich leider sagen, dass mich mehr als nur eine Anfrage zum Thema erreichte mit der Begründung, man suche dringlich die Stimme überzeugender Gegner. Kirchenvertreter würden die eindeutige Stellungnahme scheuen. Ich möchte nicht näher hinterfragen, was die persönlichen, politischen und kirchenpolitischen Motive solcher Zurückhaltung gewesen sein mochten. Ich möchte es mir aber auch nicht nehmen lassen, von einer Kirche zu träumen, die in Grundsatzfragen (beispielsweise Suizidbegleitung) weder angepasst mitgeht noch fundamentalistisch unberührbar bleibt im Gegenüber der Einzelschicksale. Wir alle – ob pro oder contra – wünschen den Betroffenen doch ein Ende von Leiden.

Gibt es im Thema Sterbehilfe eine Haltung von Jesus her? Mit Jesus als Argument lässt sich sowohl das tief Menschliche wie auch das auf Gott Ausgerichtete begründen, der Einzelfall wie das Grundsätzliche. Diese Spannung gilt es auszuhalten.

Doch was sich mit Jesus nicht begründen lässt, ist mangelnde Ehrfurcht oder aber Eitelkeit und verkappter Egoismus, insgesamt jene Anspruchshaltung, die das Leiden per se den anderen überlässt. Jesus hat sich im Bewusstsein seiner Würde (»Ja, ich bin ein König«, Joh 18,37) wie kein Zweiter eingelassen auf Ohnmacht und Leiden.

Ich will in der Hoffnung bleiben, dass die Kirche in diesem Geist sich zum Leitbild ausgehaltener und durchgetragener Ohnmacht bekennt – getragen von der österlichen Hoffnung, dass dies nicht das Letzte sei. Gerade die stumm Leidenden sind angewiesen auf einen Grundsatzentscheid, auf ein »Würdig unter allen Umständen«. Das Grundsätzliche schließt dabei das Hinhören auf den Einzelfall nicht aus: eine empathische Seelsorge steht dem Menschen bei und lässt ihn in Respekt doch frei – in seinen tiefsten Gewissensentscheid hinein.

Was aber meint Würde im Leiden? Wie kann es konkret inmitten von Leiden und Zerfall zu Erfahrungen tiefer Würde und damit zu einem Zuwachs an Identität kommen? Wer oder was sagt mir in Umständen des Leids, wer ich bin? Ich frage anders: Kann es selbst inmitten von Ohnmacht und Leiden zur Erfahrung von Würde kommen? Patienten haben mich gelehrt, dass diese Erfahrung den Menschen überkommt. Ich habe andernorts drei Weisen solcher Erfahrung herausgeschält (vgl. Renz, 2015, S. 34f.): Eine erste findet dort statt, wo der Mensch würdig behandelt wird (etwa durch Ärzte, Pflegende, Therapeuten). Kranke oder Leidende schließen dann nicht selten für sich daraus, dass sie dies offenbar wert seien.

Eine zweite Würdeerfahrung im Leid begegnet mir dort, wo etwas im Menschen sich selbst inmitten von Krankheit und Leid zum elenden Zustand innerlich »verhalten« kann, also nicht einfach nur durch schlimme Umstände determiniert ist. Diese Bewusstheit war meines Erachtens charakteristisch für Jesus. Er setzte sich stets in Beziehung zur Situation, zum anderen, zu sich selbst und auch zum Leiden. Diese persönlichkeitsstärkende Würdeerfahrung geschieht aber auch bei uns, wenn wir inmitten von Krankheit oder Extremsituation vorerst einfach durchatmen und bei uns ankommen. Roman Siebenrock schreibt von Menschen im Martyrium, dass es ihnen gelingt, etwas gewaltsam Erlittenes nicht mit Gewalt zu beantworten (vgl. Siebenrock, 2009, S. 92). Aber auch schon im einfachen Alltag von Patienten und Patientinnen ist das Sich-zum-Leid-Verhalten eine tief persönlichkeitsstärkende Erfahrung. Sie wird oft als gnadenhaft erlebt.

Ich erfuhr dies persönlich etwa im Nachgang einer Operation: Gott war nicht spürbar da, und mein ganzer Körper zitterte – einfach so. Aber ich spürte, ich selbst konnte mit mir sein, was wiederum mehr war als bloße Ich-Kompetenz, denn ich fühlte mich darin zwischendurch »gehalten«.

Nächtliche Erfahrung
Zugegeben, ich bin verletzt.
Ich irre umher,
dem Spott
und den schweigenden Wänden ausgesetzt.

Ich habe die Freiheit,
mich zu erheben
auf dem schmalen Trittbrett des Geliebtseins
und mein Leiden auf den Punkt zu bringen und
zu zeigen,
dem Nächtlichen, Inexistenten.

Am nächsten Morgen bin ich »gefunden«.
Von wem, weiß ich nicht –
von DIR.

Monika Renz (Erstveröffentlichung: Renz 2017, S. 141)

Als dritte Form von Würdeerfahrung im Leiden erwähne ich die Unantastbarkeit des Menschen schlechthin. Der Mensch hat Würde aufgrund seines Person-seins (Immanuel Kant). Würde ist ein absoluter Wert. Wir haben ihn, auch wo wir Würde nicht eigens zugesprochen erhalten. Funktionstüchtigkeit (dass ich mich frei bewegen kann, schmerzlos und entscheidungsfähig bin) ist nicht vorausgesetzt. Und das ist wichtig: Was wäre sonst mit all den Leidenden, die sich dann nicht nur ihres Glücks und ihrer Unversehrtheit, sondern sogar noch ihrer Würde beraubt sähen?

Das Apriorische oder Grundsätzliche von Würde wird aber auch unmittelbar – innerlich – erfahren, so von Sterbenden etwa in ihren Träumen oder Imaginationen:

> Eine Frau sah einen heiligen Raum, darin saßen alle aufrecht, auch sie, die dies körperlich nicht mehr vermochte. Und sie wusste intuitiv: »Ich bin es wert.«

> Ein Mann sah eine Krone und verstand doch nicht. Die Worte Krönung, Würdigung erschlossen ihm den Traum.

> Ein anderer, verwirrter Sterbender stammelte wiederholt und offensichtlich in Not das Wort »ohne«, »ohne«. Meine Assoziation »Krone, Würdigung« löste seine Not.

Würdigung und Würde sind Beziehungsbegriffe. Sie verweisen auf ein Du, welches mich als die Person, die ich geworden bin, erkennt und würdigt. Ein inneres Du erfahre ich auch in der obigen zweiten Form der Würdeerfahrung im Leiden, also dort, wo ich mich selbst zu meinem Leiden verhalten kann. Das wird von Leidenden etwa erfahren, wie wenn eine innere Gewissheit sie »hält« und »anspricht«.

Würde hat in allem mit einem Letztlichen, mit dem Göttlichen oder Heiligen zu tun. Würde ist äußerste Erfahrung und ein absoluter Wert. Wo ein Erschaudern im Heiligen da ist, erahnen wir Würde, ohne nach ihr zu fragen. Würde ist äußerste Erfahrung und der Atmosphäre von Ehrfurcht nahe. Sie wird zu einer tiefen Identitätserfahrung des Menschen.

Kann eine Kirche von morgen zur Erfahrung von Würde und Identität beitragen? Es geschieht, wo sie den

Menschen in die unmittelbare Gotteserfahrung und in die Eigenwirkung von Jesus (und letztlich von Gott) hinein freigibt. Konkret geschieht es etwa dort, wo die Seelsorger zu einer entsprechenden Deutung biblischer Verheißungen finden: Wir sind – ob als Bundespartner im Alten Testament oder als Jünger Jesu oder aber als durch ihn Geheilte – nicht unwürdig, sondern würdig. Wir sind es wert, von Jesus und von Gott berührt zu werden.

Nicht zuletzt hat Kirche auch mit ihrem ureigenen Bild des Letzten Gerichtes einen Fundus zum Thema Würde zur Hand: Letztes Gericht heißt letztliche Würdigung.

2.3. Vom tabuisierten Leiden zum geteilten Leiden

Eine dritte Herausforderung in unserer Gesellschaft ist ihre Entwertung von Leiden als sinnlosem Störfaktor. Doch – ist Leiden jemals sinnhaft? Im Rückblick auf das Durchgestandene und immer nur im Konkreten ist ein Ja auf diese Frage möglich, derweil inmitten des Schlimmen nur Verzweiflung und Leere da sind und bestenfalls Pragmatismus hilft, den Alltag zu bewältigen. Insgesamt ist die Klage über die Sinnlosigkeit von Leiden in den letzten Jahrzehnten lauter geworden.

Hat das mit der abnehmenden Religiosität heutiger Menschen und der schwindenden Glaubwürdigkeit unserer Kirchen zu tun? Zumindest teilweise, ja. Religiöse Interpretationen wie das Leiden als Prüfung zu erkennen und daran zu erstarken, ferner die Fähigkeit zur Hingabe sowie das soziale und spirituelle Eingebundensein in Glaubensgemeinschaften sind mehr und mehr weggefallen – meist ersatzlos.

Nur in Gnadenmomenten erfahren Menschen inmitten von Leiden auch Stärkung über innere spirituelle Erfahrungen, derweil sonst, wo Gott und Gotteserfahrung fehlen, das Leiden nur sinnentleert erlebt wird. Kaum einer kann sich leidenderweise in die großen Dimensionen von Entwicklung und von Sein einfach einordnen und wie Pierre Teilhard de Chardin im Leiden das Notwendende erkennen. Teilhard de Chardin sprach mit Blick auf das Leiden von »notwendigen Abfall- und Nebenprodukten der Evolution« (1975, S. 60f.).

Hiobs uralte Frage »Wo ist Gott im Leiden?« ist anhaltend brisant. Noch heute stellen die meisten Leidenden, auch Ungläubige, diese Frage. Und dort, wo Gott auf der Anklagebank sitzt, wird er interessanterweise auch heute noch »Gott« genannt. Zugleich ist einschränkend zu sagen, dass Gott dabei nicht mehr betend angeklagt und auch kaum mehr aktiv vermisst wird, sondern erschreckend häufig einfach pauschal verworfen. Die Theodizeefrage (Warum das viele Leid?) ist zum vermeintlichen Beweis für Gottes Abwesenheit oder Inexistenz geworden.

Während für den Buddhisten Leid zu allem Leben gehört, strebt der westliche Mensch nach einem glücklichen und geglückten Leben. Leiden ist zum neuen Tabu geworden. Über das Sterben wird öffentlich gesprochen, geschrieben, gefilmt. Doch weggeschaut wird von der Tatsache, dass Leiden zu allem Leben gehört.

Was uns heute so zu schaffen macht, ist das schlichte Aushalten von Freud und Leid, von Licht und Dunkel. Prozesse brauchen Zeit, einschließlich des Leidens. Nach außen aber darf das Leiden möglichst nicht wahr sein und muss verharmlost werden.

Menschen, denen das nicht gelingt, erleben sich allein, außen vor. Manche Krebskranke werden mit sich verschlimmernder Diagnose von ihren Freunden gemieden und von Partnern verlassen, weil diese das große Leid und die Endlichkeit von Leben nicht ertragen. Gleich zwei unserer Patienten wohnten, nachdem ihre Krebserkrankung eskaliert war, in ihrem Kleinbus. Sie waren gerade wegen ihres kranken Zustands von ihren Frauen weggeschickt worden.

Viele Patienten beklagen ihre Wertlosigkeit. Sie müssen nicht nur sich und ihr Leid, sondern auch noch das Gemieden-werden durch ihre Umgebung aushalten. Und wer Leidende betreut oder in deren Nähe weilt, steht vor der Herausforderung, diese Menschen empathisch begleiten zu sollen und gleich darauf wieder im fröhlichen Treiben der Welt mitzuhalten, wie wenn nichts wäre.

Hat Kirche im Brennpunkt »Leiden« etwas zu sagen? Fast absurd muss diese Frage klingen, und erst recht die umgekehrt gestellte: Hat Kirche hier nichts mehr zu bieten? Ist sie verstummt? Sicher schon hundert Male bin ich von Seelsorgern und Seelsorgerinnen gefragt worden, ob es im Begleiten von Leidenden überhaupt am Platz sei, die Dimension Gott anzusprechen oder das Heilige zu feiern. Einige holen sich bei mir Ermutigung, denn sie möchten Gott einbringen. Andere hätten lieber, ich würde ihnen die Generalerlaubnis erteilen, über Gott zu schweigen. Das Christentum hierzulande befindet sich, was die Sache »Gott und das Leid« anbetrifft, in einem Vakuum zwischen einer endlich verabschiedeten Leidüberhöhung und einem neuen – pragmatischen – Atheismus.

Statt die Frage nach Gott und Leid grundsätzlich zu stellen, würde ich sie situativ einbringen: Wann ist es richtig, wann falsch, Gott einzubringen, anzuklagen, zu preisen? Wann darf ich, wann soll ich sagen, dass Gott mein Freund ist, der schweigend mit mir geht und mit mir leidet (vgl. Brantschen, 2002, S. 232)?

Frau Rutz[7], die depressiv gewordene Frau eines Schwerkranken, entdeckt die Anklage. Sie sieht, wie ihr Mann in Kraft, Gewicht und Gesundheit schwindet und weiß doch nicht, ob dies so habe kommen müssen. Haben die Ärzte die Krankheit zu spät erkannt? War es menschliches – ärztliches – Versagen? »Ja«, bestätigt der derzeitige Arzt. Und doch ist der Frau klar, dass es auch Schicksalsfrage sei. Frau Rutz beginnt nun, ihren für tot geglaubten Gott bewusst anzuklagen, und wird dabei fast sichtbar von Tag zu Tag kantiger, weniger depressiv. Ihr Kommentar: Vor dem »Ja« komme das »Nein«. Nachdem sie viele Male »Nein« geschrien hat, ist für Frau Rutz eines Tages »das Ja einfach da«. Wieder in ihrer Stärke präsent, will sie nun ihren inzwischen todkranken Mann liebevoll ins Sterben begleiten.

Herr Kleger leidet seit seiner Diagnose »metastasierter Krebs« an – wie er sagt – »klaustrophobischer Angst«. Ein Raumproblem? Der ehemalige Fahrlehrer, der wöchentlich zur Onkologin und zu mir kommt, wird von seiner Frau chauffiert, weil er vor Angst nicht mehr fahren kann. Wir

7 Alle Namen von Patientinnen und Patienten sind verändert.

haben noch nie von Gott gesprochen. Die heilsame Wirkung von Entspannung kennt er bereits. Lift fahren haben wir auch geübt. Doch die Angst sei immer wieder zur Stelle, er wisse nicht, was tun. Das Warten bis zur nächsten Therapiestunde sei zu lange. Ich studiere, spüre nach: Mir wird eng. Ich merke, dass ich hier Gott einbringen muss – aber wie? Herr Kleger wehrt ab, Gott sei für ihn keine Kategorie mehr. Ich insistiere: »Es geht mir nicht um Gott, sondern um Sie. Was Sie brauchen, ist ein Vertrauen in etwas Grundsätzliches, der Einzelfall genügt nicht. Früher nannte man das Gottvertrauen.« Ja wie er denn das machen solle? Ich beginne mit ihm auf neue Weise zu beten: sich Gott zu zeigen. In jede Entspannung hinein folgt nun ein spontanes Gebet, etwa: »Du unbekannter Gott, ich – Martin Kleger – bin da. Die Erde trägt mich, also trägst Du mich auch.« Er bildet neue Mantras, eine neue Denkkategorie »Gott«. Wochen später meint er: »Ich weiß noch immer nicht, ob ich an Gott glauben soll, und doch ist er da, wenn die Angst kommt. Ich kann ihn dann immerhin anklagen.« Wiederum Wochen später ist sein Von-der-Erde-getragen-sein verinnerlicht, die Angst meist weg. Er habe, zum Erstaunen seiner Frau, nachts zu beten begonnen. Vor dem Tod fürchte er sich meist nicht mehr.

Was die Herausforderung des Leidens und die Sache des so wohlstandsverdächtig über Bord geworfenen Gottes anbelangt, träume ich von einer Seelsorge, die noch Seelsorge ist. Von Seelsorgern, die ihrerseits geistlich und in therapeutischen Reifungswegen unterwegs sind und den einsamen Weg durch ihre innere Wüste und deren Anfechtungen hindurch nicht scheuen. Menschen, die mit Gottes entsetzlicher Abwesenheit – inmitten seiner Anwesenheit – vertraut sind und doch Mal um Mal, mit Johannes Brantschen gesprochen, zum »Ernstfall der Hoffnung« ansetzen (vgl. Brantschen, 2002).

Die Leidenden brauchen Menschen in ihrer Nähe, die warten und mitaushalten und bisweilen ihrerseits verstummen, also wahrhaft liebesfähige Seelsorger, die sowohl das Sensorium für das Individuum haben wie für das grundsätzliche Bekenntnis.

»Sie sind religiös – wie kommen Sie dazu?« So werde ich bisweilen von Patienten gefragt. Dann muss ich wissen, worin ich wurzle, ebenso wie ich mich in der mir gestellten Frage überhaupt anfragen lassen muss.

»Bin ich auch jetzt vom Glauben getragen? Was bewegt mich an meinem Gegenüber, seiner Not, seiner Persönlichkeit? Und was kommt mir als innere Antwort entgegen?« Oft halte ich ganz einfach daran fest, dass das letzte Wort von Gott zum Leiden meines Gegenübers oder meiner selbst noch aussteht – wie bei Hiob: Da kommt es erst am Schluss. Gnade ist nie käuflich, nicht berechenbar. Sie kann nicht dogmatisch herbeigeredet werden. Sie ergibt sich, wenn es sein darf, und ist stets »Erfahrung«. Wird sie als solche erkannt?

Mit Blick auf unsere Institutionen träume ich von einer »Kirche des Karsamstags«, das heißt von Gemeinschaften, die dem Warten Zeit und Gewicht geben (vgl. Kap. 3.7). Mir schwebt eine Glaubensgemeinschaft vor, die mit den Kranken, Alten und Schwachen, mit den an sich selbst und an der Welt Leidenden mitfühlt und hier im Bewusstsein um das Mysterium Christi ausharrt und betet (Inspirationen entnehme man der Karsamstags-Christologie von Johann Baptist Metz). Metz gibt dem tabuisierten Leiden, dem Unerlösten, Verlorenen und Vergessenen dieser Welt Raum (vgl. 1992). Ich habe den Traum von einer Kirche, die – wie Franziskus es schön ins Wort bringt – auch die Perspektive der Leidenden und der Opfer einnimmt und aus dieser Sicht nochmals neu sogar über das gefeierte Geheimnis von Christi Tod und Auferstehung nachdenkt.

Was brauchen die Opfer und die Leidenden? Was brauchen die von der Gesellschaft Vergessenen? Wie können *sie* in die Verbindung zu Gott finden? Worte sind: Anerkennung, Betroffenheit, ja die Erfahrung, dass ihre Sichtweise und ihr Leiden überhaupt erst erkannt werden: etwa Schmerzen im Übermaß, Demütigung, ein Leben im Tabu von Gewalt oder im auferlegten sozialen Tod.

Erlösung besteht für sie im Freiwerden von Wiederholung und Unterdrückung, im allmählichen Verheilen ihrer Wunden, in der Gnade der Vergebung, insgesamt im neu Lebendig-werden. Sie brauchen uns, um wieder an sich, an die Welt und an »Fülle und Glück auch für sie« glauben zu können. Und sie sind auf unsere Sprach- und Wahrheitsfindung angewiesen. Von »mea culpa« kann da vorerst nicht die Rede sein. Wo ist ihr Platz etwa in der katholischen Eucharistie?

Eines meiner persönlichen Vorbilder, einer, der mir zeigt, wie man sich sinnhaft im Leiden verhalten kann, ist Dag Hammarskjöld. Er hat Mystik, Wahrhaftigkeit und Hoffnung bis zum Letzten gelebt. Er blieb »ein Fragender« (1925, 1963/2005, S. 41) und war doch ein Gefundener:

> Ich weiß nicht, wer – oder was – die Frage stellte.
> Ich weiß nicht, wann sie gestellt wurde.
> Ich weiß nicht, ob ich antwortete.
> Aber einmal antwortete ich Ja zu jemandem – oder zu etwas.

Von dieser Stunde her rührt die Gewissheit, dass das Dasein sinnvoll ist und dass darum mein Leben, in Unterwerfung, ein Ziel hat.
Seit dieser Stunde habe ich gewusst, was das heißt, »nicht hinter sich zu schauen«, »nicht für den andern Tag zu sorgen«.

Dag Hammarskjöld (1961, 1963/2005, S. 196)

2.4. Von der Entfremdung heim zu sich selbst und zu Gott

Eine vierte Herausforderung möchte ich als *Entfremdung* begreifen. Entfremdung war in der abendländischen Geistesgeschichte immer ein anthropologisches Wort.

Georg Wilhelm Friedrich Hegel spricht von einem Bewusstsein, das in sich selbst gespalten ist. Dies ist eine Spaltung, die durch Arbeiten und Leiden in der eigenen Geschichte und in der Weltgeschichte durchgearbeitet oder überwunden werden muss. Entfremdung ist nach ihm der Zustand, wo das Ich gegen das Ich steht. Nach Ludwig Feuerbach bewirkt Religion eine Entfremdung des Menschen. Das Heil ist ganz in der Welt zu suchen. In der Entfremdung projiziert der Mensch alle guten

Eigenschaften in Gott hinein, alle schlechten (sündig, unwissend) hat er bei sich behalten. Das ist eine absolute Spaltung des Menschen. Er muss vom Gottesanbeter zum Menschenliebenden werden. Vom Theologen zum Anthropologen. Nach Karl Marx sind Arbeiter sich entfremdet, weil vom Arbeitgeber bestimmt. Ultimativ ist das Materielle. Marx übernimmt Feuerbachs Begrifflichkeit für die kapitalistische Analyse. Der Mensch wird im Arbeitsprozess zerstört und entfremdet, weil das, was er erarbeitet hat, ihm genommen wird. Der Lohn, den er bekommt, ist ein Hungerlohn (vgl. Ulfig, 1999, S. 106f.).

Ich wähle das Wort Entfremdung für eine bestimmte seelische Verfasstheit, die auch mit Spaltung, mit Abgespalten- oder Abgesondert-sein zu tun hat, aber anderswie. Meine Schau ist entwicklungspsychologisch: Entfremdung steht hier für ein menschliches Dasein, das seinen Anschluss an den Ursprung verloren hat. Für Menschen, denen ihre seelischen Wurzeln und das, was ihnen einst Heimat war, wie genommen oder nicht mehr zugänglich sind. Im biblischen Schöpfungsmythos gesprochen, ist dem Menschen der Zugang zum Paradies verwehrt (Gen 3). Ein altes Wort besagt: Er ist gesondert, abgesondert. Die Alten sprachen von Sünde, was etymologisch Sonderung heißt. Doch war das

Schuld? Oder vielmehr angstbedingte Flucht in Richtung Ich-Werdung (vgl. 2.1)?

Das Phänomen »Entfremdung«, wie ich es hier entfalte, wird heute meist nicht mehr verstanden. Im Gegenteil: Jeder entwickelt Kompetenzen im Ich und fühlt sich »bei sich«. Keiner erlebt sich als entfremdet – wovon denn?

Und doch ist Entfremdung (Sonderung) das zentrale Phänomen, auf das die Bibel vielfach Antwort gibt. So muss etwa die wiederholte Frage des Volkes Israel nach seiner Treue und Untreue gegenüber dem Bundesgott auch gelesen werden als Leiden am Verlust seiner Gottnähe. Im Exil ging dem Volk alles verloren: die Nähe zum Tempel, zum Heiligtum, zum Land der Verheißung und mit all dem auch das Selbstverständnis. Entfremdung, mehr noch als Schuld, bringt die damalige Tragik zum Ausdruck.

Entfremdung ist ein anderes Wort für die Abkehr des Volkes von seinem Gott, wie etwa vom Propheten Elija beklagt. Dieses Wort hilft uns aber auch, Jesu Botschaft zu verstehen. Etwa wenn Jesus gleich zu Beginn seines Wirkens von der Nähe des Himmelreichs redete und zur Metanoia (Umkehr, Heimkehr, Mk 1,15) aufrief. Auch Jesu Rede von Gott als liebendem Vater sowie viele bildhafte Reden, ja der ganze Jesus, auch seine Person, sind ohne die menschliche Ausgangslage der Entfremdung nicht wirklich begriffen.

Ist nicht genau dies die Situation heutiger Kirchen? Keiner versteht mehr. Statt aber die Botschaft Jesu von Grund auf – das heißt vom Phänomen her, auf das sie antwortet – tiefer zu erklären, wird die Botschaft an die sogenannten Bedürfnisse von heute angepasst. Das Ergebnis ist eine Verflachung in den wesentlichen Anliegen Jesu. Und das Kirchenvolk wandert ab. Dabei hätte die Kirche geradezu geniale biblische Antworten auf das Phänomen der Entfremdung zur Hand. – Nachfolgend erläutere ich zuerst das Phänomen und dann einige prototypische Antworten der Bibel darauf.

Zum Phänomen: Von seinem Ursprung entfremdet ist in unserer Kultur das erstarkte Ich. Dieses hat sich mehr oder minder umfassend aus dem ursprünglichen Sein und Bezogen-sein herausgelöst (gesondert). Es ist stärker auf Selbstverwirklichung bedacht, als dies sein müsste. Es verbarrikadiert sich hinter Mauern der Abwehr. Dabei geschieht ihm, dass es schlussendlich wie in sich eingeigelt ist.

Zum eigenen Herr und Meister geworden, kreist der Mensch fortan um dieses Eigene und dessen Autonomie. Von seinen Wurzeln hat er sich längst entfernt. Verloren ging ihm die ursprüngliche Verbindung zum Ganzen, zu Gott und mit ihr auch jene zur eigenen Seelentiefe. Dieser abgekoppelte Zustand ist für ihn fortan »normal« – westliche Normalität. Wer von uns ahnt oder weiß denn noch, wer er »eigentlich« in seinem innersten Wesen ist, was er zutiefst fühlt oder als »wer« er letztlich »gedacht« ist? Wer kommt nur schon dazu, diese Frage zu denken?

Es muss eine verborgene Ursache dafür geben, dass der Mensch so weit in die Fremde getrieben wurde. Sie lautet: Angst, Urangst (vgl. 2.1). Gerade diese wird als solche nicht ausgehalten, sondern wirkt unerkannt in menschlichen Bewältigungsmustern und Projektionen weiter.

Kann der Angsthintergrund unseres Gewordenseins je in den Blick kommen? Können wir ihn in unseren alltäglichen Verhaltensmustern erkennen, etwa in einem ständigen Getrieben-sein, in unserem vielfachen Streben nach Macht, in der Enge einer überhöhten Gewissenhaftigkeit oder in einem permanenten Zweifel an uns und allem? Auch wenn als solcher unsichtbar, ist der Angsthintergrund doch da. Worin besteht er?

Wir beginnen unsere Bewusstwerdung mit einer großen Erinnerungslücke. Wir wissen vielleicht noch, wie schmerzlich es als Kind war, die eigene Schwäche im Gegenüber eines starken Mitschülers auszuhalten, aber über entfernteste bedrohliche respektive glückselige Momente in unseren Lebensanfängen ahnen wir nichts. Wie war es im Mutterleib, im (Frucht-)Wasser und inmitten einer (intra- und extrauterinen) Geräusch- oder Stresskulisse? Wie war es, geboren zu werden? Wie fühlten sich Hunger, Warten, Verlorenheit, wie jene intensiven Momente des Genährt-werdens und der fließenden Beziehung zwischen Mutter und Kind an? Wie waren früheste Erfahrungen von einem Gegenüber, beispielsweise Augenblicke, in denen die Mutterbrust unvermittelt als fremd (= nicht zu mir gehörig) empfunden wurde? Wie wohl war mir atmosphärisch bei Mutter? Wie bei Vater? Stimmte die Chemie?

Über solche Ureindrücke – was sie sind und wie sie sich auswirken – lernen wir am ehesten bei schwerkranken Menschen, die zwangsläufig Ohnmacht und Angewiesen-sein zulassen müssen. Was genau fällt so schwer? Und umgekehrt: Gibt es auch etwas, das auf ungeahnte Weise tief schön ist? Warum oder unter welchen Bedingungen sind Nähe und Hingabe unsäglich berührend und belebend? Wann sind sie bedrohlich? Keiner weiß.

In all den Jahren zwischen der frühesten Kindheit und den schwerkranken Tagen oder den Zeiten tiefer Grenzerfahrungen verdrängt der Mensch, was für ihn so bedrohlich ist. Alte Ohnmachtserfahrungen werden durch betonte Macht im Ich besiegt. Menschen leben in permanenter Kompensation. Vielleicht stellen sie sich Fragen ob des erschreckenden Potenzials von Angst und Brutalität in der Weltgeschichte und selten ob der eigenen notorischen Unruhe, Gier oder Abwehr. Warum all die Absicherungen, warum das Bedürfnis, alles im Griff zu haben? Warum die Unzufriedenheit inmitten von so viel Wohlstand und Sättigung?

Die Antwort lautet: Entfremdung vom Ursprung. Das Wichtigste ging uns in längst vergangener Zeit verloren: unser Lebenselixier, unser Lebendig-sein von innen her, unser tiefes Vertrauen ins Leben und in das Gute in uns Menschen. Dabei geht es um tiefe, irrationale – in sich selbst begründete, »religiöse« – Urerfahrungen. Diese sowie tiefe Intuitionen können hinter der Betonung des Rationalen gar nicht mehr gespürt werden.

Prophetische Menschen der letzten Jahrzehnte redeten zwar davon: so etwa Eugen Drewermann in den achtziger Jahren (zum Thema Überwindung der Angst), Erich Fromm in seiner Unterscheidung zweier Existenzweisen (1976/1979), Nelson Mandela im Thema Versöhnung.

Als erfolgreicher Mensch unserer Tage muss man Rang haben und Besitz, man muss sich im Recht fühlen, über Wissen und Argumente verfügen, den Alltag planen und hat angesichts all dessen längst den Zugang zur absichtslosen Freude und zum schlichten Sein (Existenzweise des Seins nach Fromm) verloren. Manche unter den Jungen streben Erfolg gar nicht mehr an, sondern wollen genießen. Das ist auch Ausdruck von Haben-müssen.

Das verloren gegangene innere Fließen und Angeschlossen-sein würde demgegenüber spürbar über Vertrauen statt Angst, Tätig-sein statt Stress, Sein statt Haben, Liebe statt Macht, Vergebung statt Verhärtung. Wo sind diese Qualitäten? Sie würden von innen heraussprudeln und fehlen doch an allen Orten. Ist der Urquell versiegt?

Wie kann der Mensch wieder lebendiger werden und aus solcher Verengung herausfinden? Das ist die Frage, auf die Jesus in immer neuen Anläufen und Bildern (etwa vom Schatz im Acker) Antwort gibt. Der Weg führt durch das enge Tor (durch Angst) hindurch und nicht daran vorbei, denn dort wird der Mensch wieder »eigentlich«, er selbst. Hierfür müssen auch das Festhalten an Besitztümern und Macht, einfach alle Kompensation im Ich, losgelassen werden (vgl. Mk 10,17–27). Auch das Freiwerden aus Besessenheit ist Bild für das Zurückfinden zu sich und seinem Eigentlichen. Das schwierige biblische Wort »Besessenheit« ist so überhaupt erst verstehbar.

In Therapien führt der Weg oft nicht an der Angst vorbei. Sobald aber Angst als solche offengelegt ist, ist sie es schlussendlich, die uns menschlich macht: Bei der Angst angelangt, brauchen wir keine Abwehr mehr.

Mich berührt in der Begleitung von Schwerkranken und von Menschen in ihren Reifungsprozessen nichts so sehr wie jene Momente, in denen hinter Flucht und Kompensation der Mensch selbst auftaucht, menschlich klein inmitten seiner großen Angst (vor Versagen, Verloren-sein, Überwältigung). Damit ist er aber schon »gefunden«. Genau am Nullpunkt ist er nicht einfach eine Null. Ich liebe diese Angst, weil sie so wahr ist (nicht lügt) und alles bisherige »Gehabe«, alle ich-hafte Erklärung von sich und der Welt relativiert. Angst wieder zu spüren, ist Anfang unserer Heimkehr, Zeichen unserer Wesensnähe.

Wandlung geschieht durch Angst hindurch, Angst ist das Tor zur Eigentlichkeit, zum Wesentlichen unserer selbst. Menschen werden weicher, vertrauensvoller, wahrhaftiger, gelassener, lebendiger. Sie sind ihren Gefühlen, Intuitionen, ihrem Urvertrauen und in all dem auch Gott näher gekommen.

Das kann ich als Therapeutin vielfach bezeugen. Patienten sagen etwa nach einer Klangreise: »ER war da«, »Ich war behütet«. Sie brauchen meist ein Initialerlebnis in Begleitung, das dann punktuell weiterwirkt. Auch in Therapien kann mit der offengelegten Angst der Heilungsprozess beginnen. Doch wie? »Es geschieht« … irgendwann, irgendwie. Angst wird von innen heraus relativiert – zeitverzögert und in unerwartetem Kontext.

Konkret sind es häufig Erfahrungen von umfassender menschlicher Liebe oder Würdigung, von Milde und Verlässlichkeit, vielleicht das anhaltende Grün in der Natur, die Treue eines Hundes, eine ergreifende Musik oder einfach Stille und Schlaf, welche tief innen heilen.

Es geschieht in all dem meist irrational, irgendwie. Das noch Ältere als Angst, das schlummernde Urvertrauen, wird reaktiviert. Religiös formuliert ist es Gott selbst, der hier wirksam wird, und dies über unmittelbare Gotteserfahrungen. Ähnlich wie zu Zeiten Jesu.

> Frau Kolb, eine Frau mit akuter Leukämie, war über Tage verzweifelt. Reine Angst! Ich sprach sie direkt auf Gott an, ob da einfach nichts sei von Gott. »Nein, wirklich nichts!« Sie war aber offen für eine andere Art des Betens. Wir klagten Gott an und holten ihn so wieder in den Raum ihrer Sehnsucht. In der anschließenden Klangreise sah Frau Kolb eine alte weise Frau und war ergriffen. Die Frau tat »nichts«, sie war einfach da, »seiend«.

Dass Angst sich irgendwann relativiert, schließt nicht aus, dass die Zwischenstation der nochmals lebendig gewordenen Urangst überfordert. Die Nähe dessen, was wir als das Numinose Gottes erahnen, ist nicht nur schön, sondern auch bedrohlich. »Blendend«, wie von Mystikern berichtet, »erschreckend«, wie mich Reaktionen von Schwerkranken bisweilen lehren.

Angst in ihrer Urform ist oft reine Körperreaktion: Zittern, Schwitzen, Frieren, körperliche Höchstspannung. Selten gar erstarren Sterbende, schauen über Stunden wie gebannt an die Wand oder in eine Ecke (terminales Starren) und sind kaum ansprechbar.

Wovon kommen sie nicht mehr los? »Gott«, wage ich anzunehmen, zumal ich Gott nicht einfach nur als sanft und lieb erahne, sondern auch als übersteigend und furchtauslösend. Von daher, von dieser im Gegenüber von Gott auch zutiefst angebrachten Furcht sind die vielfach gesprochenen Engelsworte: »Fürchte Dich nicht« zu verstehen. Ihr Zuspruch und ihr Vertrauen sind in diese ursprüngliche Furcht hineingesprochen.

Ist es also vorstellbar, dass Gott selbst – genauer gesagt: Urerfahrung mit dem, was der Mensch später Gott nennt – an der Wurzel menschlicher Urangst liegt? Dass dies der letzte Grund dessen ist, was wir mythologisch als Flucht aus dem Paradies begreifen? Außer bei Eugen Drewermann ist dies bis heute undenkbar, auch für viele Theologen. Ich selbst begreife eine »Urangst vor Gott« als äußerste Existenzangst.

Urangst hat zwei Gesichter: Bald ist sie mehr Erfahrung völligen Verloren-seins (verbunden mit Scham, Wertlosigkeit, Verlassenheit, als das Zuwenig schlechthin). Bald kommt sie daher als Erschrecken, Erstarren, als eine Frühform von Panik und Engegefühl (weil ausgeliefert an ein grenzenloses, numinoses äußerstes Gegenüber, als das Zuviel schlechthin). Eine Annäherung an diese Gegenüber-Erfahrung ereignet sich bisweilen in der Musiktherapie über Schwingungen, Lärm. Ungeschützt im zu vollen Klang wird es für viele eng. Bei dieser zweiten Angstform geht es nicht um Gottverlassenheit, sondern im Gegenteil: um das Zuviel an »Gott« und das Zu-nahe von Gott.

In beiden Erscheinungsformen ist Urangst eine schwer auszuhaltende Erfahrung. Sie begann einst an der Grenze zwischen Ich und Nicht-Ich, dort, wo das Ich geworden war (als Fötus/Säugling, als im Erkennen begriffener Urmensch). Und sie wird reaktiviert an derselben Grenze, etwa wenn das Ich im Sterben, in existenziellen Krisen oder unmittelbar vor einer Nahtoderfahrung sich und seine Ich-Kompetenzen preisgibt. Sie ist aber nicht das Letzte noch Innerste, wie uns gerade Nahtoderfahrungen lehren.

Hat Kirche uns im Thema Urangst und Entfremdung etwas zu sagen? Ich frage zurück: Wer, wenn nicht sie?

Heimfindung zum Vater und zu sich selbst war Thema Nummer eins von Jesus. Hier können wir ihn im Originalton auf uns wirken lassen: »Kehrt um, das Reich Gottes ist nahe« (Mk 1,15), wie das älteste der vier Evangelien beginnt. Wörtlich ging es da um eine Hineinwendung. Als würde Jesus sagen: »Wendet euch nach tief innen, hin zu euren Wurzeln …«

Das Wort der Wurzeln kommt in den Evangelien vielfach vor, etwa in der Frage der ersten Jünger: »Wo wohnst (wurzelst) Du?« (Joh 1,38), oder im Bild vom Weinstock (der bekanntlich tiefe Wurzeln hat) und den Reben (Joh 15,1–17). Jesus bietet sich hier selbst als Bindeglied zwischen dem entfremdeten oder verängstigten Menschen und Gott an.

Eine Kursteilnehmerin war im Rahmen einer Adventsmeditation an ihre Sehnsucht nach Verbundenheit mit dem Göttlichen herangekommen. Was sie dann im Rahmen einer Klangreise erlebte, umschrieb und malte sie wie folgt: »Ich lag am Boden, den Kopf in einer Mulde. Es roch nach frischer Erde. Dann sanken meine Arme ins Erdreich hinein, und ich spürte, wie ich hier liebevoll aufgenommen wurde. Altes Wurzelwerk wich zurück, machte Platz für meine Arme. Tief berührt weinte ich. Im Wurzelreich war es dunkel, voller Frieden und trotzdem lebendig. Alles war mit allem verbunden, und ich überglücklich, mit dabei zu sein. Wie dann die Melodie des Liedes ›Stille Nacht‹ erklang, war ich vorerst irritiert. Dann war es, wie wenn der Wurzelbereich reden würde: Ich hörte die Worte: ›Endlich übersetzt jemand, was wir schon lange wissen.‹ Und aus mir heraus wurden weitere Würzelchen geschlagen. Über mir formte sich ein Himmel aus Musik, die Erde war von Ergriffenheit überwältigt. Und ich wusste: Es ist die Liebe, die alles zusammenhält.«

Auch das Uranliegen Jesu, dass wir uns Gott wie einen liebenden Vater vorstellen und ihn auch so anreden dürfen (»Vater unser …«), ist Inbegriff von Antwort auf Angst (vor dem Übersteigenden). Damals ging es nicht um die Genderfrage, nicht darum, ob Gott männlich oder weiblich, als Vater oder Mutter zu denken sei. Vielmehr ging es Jesus darum, dem Menschen zu sagen: »Vor Gott brauchst Du nicht Angst zu haben«, so ehrfurchtauslösend und numinos er auch ist. Auf ihn ist Verlass, ähnlich wie beim Dreijährigen, der sich im Arm des Vaters sicher und getragen erfährt. Man stelle sich Gott so vor. Im Gleichnis vom barmherzigen Vater (vom verlorenen Sohn, Lk 15,11–32) wird solch ein Vater und die Heimkehr aus Entfremdung exemplarisch dargestellt.

Auch mit seiner schwer verständlichen Rede vom Himmelreich antwortet Jesus auf Entfremdung und dies mit einer Verheißung. Heimkommend findet der Entfremdete nicht nur zu sich, sondern auch zu Fülle und Seligkeit.

»Selig ihr Armen« (Lk 6,20) heißt: »Selig sind wir alle in der Rohform unserer Existenz, dort wo wir, weil angekommen bei unserer nackten Angst, uns nichts mehr vormachen müssen. Wo wir nur mehr wir selbst sein dürfen (ohne Attribute von Reichtum, Prestige). Mit dem Himmelreich und der Seligkeit hat Jesus dem Menschen, sobald dieser wieder im Kontakt ist mit seiner Angst, eine schlicht überwältigende Option zu bieten. Auch er selbst, Jesus, lebte aus dieser Option.

Schließlich lebte uns Jesus auch mit seiner durchtragenden Liebe eine Antwort auf Entfremdung und Urangst vor. Derweil er nicht aufhörte, den Menschen inmitten von Entfremdung zu konfrontieren (Gericht), liebte er ihn umso mehr in seiner Eigentlichkeit und warb um Großherzigkeit (Barmherzigkeit). Nahe bei sich und ihrem Wesen wurden Menschen um ihn herum liebenswürdig und liebesfähig. Sie wurden wie Maria von Magdala von sieben Dämonen geheilt (vgl. Mk 16,9; Lk 8,2).

Wie werden Erfahrungen durchtragender Liebe heutigen Menschen zuteil? Wer gibt uns genug Liebe – und sagt uns darüber hinaus noch ehrlich, wenn wir uns, seinem Eindruck nach, verirrt haben? Wer hilft uns stehen, kämpfen, glauben, wenn der Boden unter den Füßen wankt? Das ist Anfrage an die Kirche als Keimzelle von Hoffnung.

Doch wie kann die Kirche ihren Auftrag der Heimführung wahrnehmen? Um einen Moralappell zur Verhaltensänderung kann es nicht gehen. Eine solche Interpretation von Jesu Botschaft hat im Laufe der vergangenen 2000 Jahre nur zu neurotischer Gewissenhaftigkeit geführt.

Auch heute bleiben unterschiedlichste kirchliche Bemühungen, Menschen in den Wurzeln ihrer Not zu erreichen, auf der Strecke. Einer der Gründe liegt für mich darin verborgen, dass die Frage nach dem, was wirklich erlöst, zu wenig tiefgreifend gestellt wird. Problemlösungen werden auf einer einseitig pragmatischen oder sozialen Ebene gesucht, derweil das eigentliche Problem in einer uralten menschlichen Not gründet und die ganze Existenz des Menschen, seine Daseins- und Soseinsberechtigung betrifft.

Diese existenzielle Not kann nicht rational eingefangen werden, sondern wird – wenn überhaupt – durch entsprechende Kanäle und Medien erreicht: Tiefer als viele Worte und Erklärungen wirken Bilder, Symbole und Riten. Tiefer als Bilder und Symbole wirken Berührung, Düfte, Geschmäcker, das Essen. Tiefer noch wirkt die Musik, die feine Welt der Schwingungen. Und noch tiefer das Unsagbare von Stille und Spiritualität. Ich habe andernorts versucht, diese Seelenschichten und die ihnen entsprechenden Kanäle abzubilden, dort im Zusammenhang mit meiner bewusst vielschichtigen therapeutischen Tätigkeit (vgl. Renz, 2018, S. 47). Die Bedeutung dieser Kanäle und der nonverbalen Sprache wird von den Kirchen längst gesehen – und doch reicht das nicht. Es braucht die Verbindung zur Tiefenpsychologie, das Wissen, welches Medium ich wann und weshalb einsetze.

Mit Jesus gesprochen ginge es darum, dass Kirche sich bewege: weg von der einseitigen Orientierung an Dogmen und Lehrmeinungen (damals die Pharisäer und Schriftgelehrten) hin zum unmittelbaren Gott, konkret hin zu dem, was Menschen intuitiv schauen, in Stille und Meditation erhorchen und als Nähe zu Gott erahnen.

In Anlehnung an Hiob würde das heißen: vom abstrakten Gott des Hörensagens zum geschauten, erfahrbaren Gott finden. In ethischer Perspektive hieße das: vom Gesetz zu einer irgendwie tiefer gefühlten Stimmigkeit und einer so verstandenen jesuanischen

Gerechtigkeit finden; vom Gesetzesdenken auch zur Barmherzigkeit (vgl. Mt 5,17–20). Aus pastoraler Perspektive wendet sich der Blick von peripheren Interessen (Fürsorge für einzelne Interessengruppen) hin zum Gott für alle und zu einer Kirche für alle. Zu Solidarität und Hingabe, die von innen heraus sprudeln. Aus spiritueller Sicht bedeutet das: hinfinden zum erfahrenen Gott, zur Mystik (vgl. Kap. 2.1).

Insgesamt geht es darum, dass Menschen berührt, ergriffen und auf neue Weise offen werden für Wandlung. Das emotionale Geschehen – dass der Mensch überhaupt angerührt wird – ist in all dem das Primäre. Ein Verstehen, Wortfindung und Bewusstwerdung (die Ebene des Wortes) darf dann folgen.

Mit Blick auf die Kirche geht es mir also weder einseitig um Verkündigung und Ethik noch um einen beliebigen Hotspot von Aktionen und Kompensationen unter Einbezug möglichst vieler Kanäle (Wort, Musik, Düfte, Rollenspiele), als vielmehr darum, Gott selbst und unsere Hingabe wirken zu lassen! Wir haben mit Jesus, mit den Erzvätern, Propheten, den Mystikern aller Zeiten einen solchen Fundus zur Hand, der für sich selbst spricht. Wir müssen nichts grundlegend Neues erfinden, nur unsere Schriften, religiösen Traditionen, aber auch andersreligiöse Traditionen tiefer verstehen lernen und sie mit den tiefsten Sehnsüchten und Gotteserfahrungen unserer Zeit in Berührung und in den Dialog bringen.

Ein Letztes noch: An wen hat sich Kirche zu wenden? Jesus sprach grundsätzlich uns alle an. Im Besonderen aber jene, von denen er verstanden wurde. Jesu Option für die Armen, Kranken, Ausgestoßenen deute ich nicht allein sozial, so wichtig dieser Aspekt auch ist. Die Randständigen, Leidenden und Schwachen waren damals jene, die Jesus an sich herankommen liessen. Und er erkannte in ihnen den unverstellten Menschen.

Ob reich oder arm, gesund oder krank, Jesus war am wesensnahen Menschen gelegen, denn dieser ist schon von Grund auf dem Himmelreich nahe. Papst Franziskus schreibt es so: »Gott ist immer Neuheit, die uns antreibt, … uns an neue Orte zu begeben … hin zu den Rändern und Grenzen. Er bringt uns dort hin, wo die Menschheit am meisten verletzt ist und wo die Menschen – unter dem Anschein der Oberflächlichkeit und des Konformismus – weiter die Antwort auf die Frage nach dem Sinn des Lebens suchen« (*Gaudete et Exsultate* 135).

Wesentliches geschieht an den Brennpunkten des Leidens. Darin sind sich unterschiedlichste spirituelle Lehrer unserer Tage einig. Genau im Leiden werden Menschen offen auf umfassende Reifung, auf Gnade und Hingabe hin. Da wird Gott gefunden und erhält er seinen vollen Wirkraum. Und da kommt Liebe an und beginnt das Urvertrauen wieder zu fließen. An diesen Angelpunkt neuen Lebens also (zu Gott und uns selbst) wollte Jesus uns hinführen. Mit Worten und Bewusstwerdung. Mit Mystik und Heilungen. Seine stärkste Waffe aber war die Liebe.

2.5. Eine sich radikal von Jesus her verstehende Kirche

Anhand von vier Herausforderungen unserer Zeit und der westeuropäischen Kultur habe ich Anforderungen an eine Kirche von morgen abgeleitet:

Einer verflachten Spiritualität stellte ich eine mystische Kirche gegenüber. Der Spur des mystischen Jesus folgend, lässt sie uns Angeschlossen-sein – »Connectedness« – erfahren. Eine Kirche aber auch, die selbst umkehrt: von der Erfahrungsscheu zur unmittelbaren Gotteserfahrung (Kap. 2.1).

Der mittlerweile entleerten Redewendung von der Würde (würdig leben, würdig sterben) stellte ich eine Kirche gegenüber, die uns aufrichtet. Eine Kirche, die uns in unserer tiefsten Identität, als die wir von Gott her gedacht sind, stärkt und auch unsere Freiheit zulässt. Eine Kirche, die sich nach dem Vorbild des menschennahen Jesus die Würde jedes Menschen auf die Fahnen geschrieben hat und zugleich wachsam in Grundsatzfragen unter Umständen unbequem bleibt – eine Kirche auch, die sich selbst riskiert (Kap. 2.2).

Dem entwerteten und scheinbar sinnlos gewordenen Leiden stellte ich eine behutsame, liebende, solidarische Kirche gegenüber. Hier geht es um eine dem Leid nahe, betende und um Hoffnung ringende Gemeinschaft. Eine Kirche, welche die Leidenden in größtem Respekt begleitet und am Sinn ihrer Person und ihres Daseins auch im Leiden festhält (Kap. 2.3).

Dem von seinen Wurzeln entfremdeten Menschen stellte ich Jesus selbst, seine Botschaft, sein Leben, seine Liebe und vor ihm schon den alttestamentlichen Bund zwischen Gott und seinem Volk gegenüber. Hier geht es um die Kernkompetenz von Kirche: um Heimfindung zu Gott, um Erlösung aus der hintergründigen Angst und um Jesus. Den ganzen Jesus (Kap. 2.4).

Eine erlösende Kirche, das war meine Kinderhoffnung. Eine Kirche, die sich radikal an Jesus orientiert, wäre die Zusammenfassung meiner heutigen Hoffnung. In all diesen Herausforderungen lebte uns Jesus geniale Antworten vor. Er stand in inniger Gottesbeziehung, er war Mystiker ebenso wie wachsame Persönlichkeit. Nach innen gerichtet und bodennah.

Weil er nichts zu verlieren hatte, hat er alles gefunden – schon immer, von Grund auf war er ein Gefundener. Gerade so durchschaute er die vielen Besessenheiten und Eitelkeiten der Menschen, konfrontierte sie und heilte. Er betete innig und warb für das, was er an Fülle und Seligkeit und als Weg dahin erkannte. Jeden Tag neu und an jedem Ort neu. Immer wieder setzte er an, wenngleich er nicht oder nur halb verstanden wurde. Seine Energie muss überwältigend gewesen sein: ungebrochen, vom Vater kommend. Vor allem und speziell dann, wenn Jesus nichts anderes mehr zu tun vermochte, liebte er noch und blieb schweigend in der Grundhaltung der Liebe präsent. Selbst im Leiden blieb er dem Vater und sich selbst treu – bewusst und selbstbewusst (»König«). Das bewahrte ihn vor jener Verzweiflung, Selbstzerstörung und jenem Lebensekel, die als äußerste Herausforderungen in solch spirituellen Wegen gelten und denen widersagt werden muss. All dies gelang ihm, weil er so sehr verbunden war mit Gott, den er Vater nannte: Er war ihm ganz zugehörig. Was will Kirche mehr als Jesus?

3. Das Kirchenjahr und seine Hochfeste

3.1. Eine Kirche, die persönlich berührt

Eine Kirche meiner Träume ist auch im Hier und Jetzt präsent. Kann sie uns berühren in unserer je eigenen Situation und Biografie? Kann sie heilen?

Die Alten sprachen von Heilsgeschichte. In Gottesdiensten hören wir immer wieder den Satz, es geschehe »zu unserem Heil«. Doch was ist damit gemeint? Als Jugendliche reagierte ich mit Allergie: Wer hat da welches Heil im Sinne und für wen? Ist Heilsgeschichte Manipulation? Mehr und mehr begriff ich: Es geht darum, dass wir in unserer Biografie, mit unseren Wunden und unserer Schuld ankommen dürfen bei Gott. Von IHM her kommt uns Zuversicht und Heilung zu. Menschen äußern, wenn von dieser Sichtweise berührt, etwa: »Gott hat zu meinem Leid noch etwas zu sagen«, oder: »Er hat noch etwas mit mir vor.« Gemeint ist, dass etwas in Richtung Glück, Ganz-werden, Sinnhaft-werden sich noch ereignen wird.

Findet auch mit Blick auf die großen Dimensionen der Menschheitsentwicklung eine Heilsgeschichte Gottes mit den Menschen statt? Vielleicht ja, und doch darf unser Blickwinkel in solchen Fragen nicht zu eng sein. Es wäre falsch und fatal – etwa bei einer großen Krise – in der Kategorie der »Strafe Gottes« zu denken. Aber wir dürfen, ähnlich wie es Teilhard de Chardin tat, Entwicklungen und Sinn in den großen Linien menschlichen Werdens erkennen. Er erkannte in der Evolution einen Aufstieg des Bewusstseins und sprach von Geogenese (Werden der Gesteine), Biogenese (Werden des Lebens), Anthropogenese (Menschwerdung) und Noogenese (Geist) bis hin zur Christogenese (kosmischer Christus, vgl. Teilhard, 1959). Für ihn war die Welt »nur vorwärtsblickend interessant, doch in dieser Hinsicht geradezu fesselnd« (Teilhard, 1963, S. 67).

Das heilsgeschichtliche Denken ist eigentlich ein Glaubensbekenntnis und heißt: Ich glaube daran, dass es Gott (noch) gibt, auch in allem Leid. Ich glaube, dass er das Schicksal wenden oder zu einer für mich derzeit nicht einsehbaren Erfüllung führen kann. Ich glaube, dass irgendwann sinnhaft werden kann, was derzeit sinnlos erscheint.

So zu denken, ist Tag um Tag eine Entscheidung. Sie kann nur persönlich gefällt werden und auch dies oft erst, nachdem man emotional bei sich angekommen ist. Darum ist es für uns auch schwierig, wenn die Kirche in vorgegebenen Formeln vom Heil spricht. Wenn sie trotzdem daran festhält, so darum, weil sie eine Folie vorliegen hat, welche letztgültige Verheißung und Erlösung verspricht. Die Folie besteht aus »religiösem Material«. Dieses ist von tiefer, zeitloser Wirkung, setzt aber voraus, dass der Einzelne sich darauf einlassen kann.

Verschiedene Religionen haben ihre je eigene Heilsgeschichte. Im Falle des Christentums wurde hinter dem historischen Jesus und in ihm Gott selbst erahnt. Und auch hinter den zahlreichen Erfahrungen der Frauen, der Jünger und weiterer Menschen, denen der Auferstandene erschienen war.

Deshalb – weil Gott hinter Jesus gesehen wird – werden gewichtige Worte und gleichnishafte Bilder von ihm zum wirksamen »religiösen Material«. Ähnliches gilt aber auch für den alttestamentlichen Bund zwischen Mensch und Gott, das Bundesdenken, in welchem Jesus groß geworden war. Unser wichtigstes »religiöses Material« ist Jesu herausragendes Verhalten: er sah »hindurch« (vgl. Umgang mit Besessenheit), er reagierte bewusst, integer und in überwältigendem Ausmaß liebend. Woraus war ihm all das möglich? Es war nicht neurotisch motiviert, nichts war bei Jesus überzeichnet. Doch er stand in so inniger mystischer Beziehung zu Gott, dass er ihn *Vater* nannte. Der *Vater* nährte und ermächtigte Jesus.

Kann Jesu Gedankengut, kann der Vater, von dem Jesus sprach, auch für uns zur mystischen Quelle werden? Dem Bild vom Weinstock und den Reben (Joh 15,5) zufolge: ja.

3.2. Das Kirchenjahr als spiritueller Lebensraum

Die Kirche, von der ich träume, gibt mir Raum, um hineinzuwachsen in ein reifes spirituelles Leben. Sie schenkt uns in einer von Stress und Leistungszwang geprägten Welt jenes Mehr, das uns anders – lebendiger – leben lässt. Mit ihren Hochfesten bringt sie Struktur, Rhythmus, Höhepunkte und Ekstase in unseren Alltag und unser Leben hinein. Den Ablauf des Kirchenjahres vor Augen, möchte ich sagen: Es ist eine Kirche des täglichen Innehaltens, Betens und der Hochfeste. Eine Kirche, die feiert und trauert, die Menschen zur Gemeinschaft verbindet und die jeden zu sich selbst führt.

Mit ihren liturgischen Festkreisen, die sowohl die katholische wie die evangelische Kirche feiern, haben die Kirchen ein wunderbares Instrument zur Hand, um spirituell gegenwärtig zu sein in dem, was die Welt allein nicht auszufüllen vermag. Auch um präsent zu sein in unseren Erfahrungen von Leere, Leid und Verzweiflung. Das gelebte Kirchenjahr bietet Räume, wo die Antworten Jesu auf unsere menschliche Not nicht nur hörbar, sondern – mystisch gefeiert – auch emotional nachvollziehbar werden können.

Darin kann uns Kirche so etwas wie eine Anbahnung von Erlösung schenken. Was ist damit gemeint? Stellen wir uns eine Landschaft vor: Weil tief verschneit oder von Geröll überflutet, sind Verbindungen unterbrochen. Keiner weiß mehr, wo darin überhaupt noch gangbare, ja gute Wege sind. Es braucht Neuanbahnungen, man muss tief graben oder im Schnee pfaden. »Erlösung« ist ein gutes Wort für solche Neuanbahnungen, auch wenn wir den Sinn dieses Ausdruckes erst allmählich begreifen. Neuanbahnungen sollen Fehlanbahnungen überwinden, welche – individuell wie kollektiv – entstanden sind auf dem Grund (aufgrund) unserer Entfremdung vom Ursprung und von Gott. In der Folge darbt etwas tief in unserer Seele – oder es ist abgestumpft. Wir brauchen Hilfe, welche uns zurückführt zur Wurzel in Gott und nach vorne in ein sprudelndes Leben. Kann die Kirche uns dabei helfen? Die großen liturgischen Festkreise bieten uns einen spirituellen Leitfaden.

3.3. Weihnachten: Gott, der Ferne, kommt uns nahe

Mit dem Fest der Geburt Jesu, über welche historisch kaum etwas bekannt ist, wird das Kommen des Gottessohnes als Retter, Messias und Heiland gefeiert.

Diese Begriffe sind Hoheitstitel. Sie waren zu Zeiten Jesu gebräuchlich. Worte wie Arzt, Bräutigam und Menschensohn gehen vermutlich auf Jesus selbst zurück. Aber die Ausdrücke »Sohn Gottes«, »Kyrios«, »Messias« oder »Christus« dürfte Jesus so nicht verwendet haben. Vielmehr müssen wir uns vorstellen, dass Jesus in so großer Vollmacht und Souveränität gelebt hat, dass es naheliegend war, ihm diese Hoheitstitel zuzuschreiben. Jesu ganzes Verhalten und autoritatives Reden gingen in Richtung seiner Worte: »Ja, ich bin ein König« (Joh 18,37).

Weihnachten steht für den Anfang des historischen Jesus und doch, genau genommen, für mehr als nur das. Denn in und hinter Jesus wurde Gott selbst erahnt. Darum feiert das Christentum die Niederkunft Gottes auf Erden. Das ist keine historische, sondern eine Glaubensaussage: An Weihnachten kommt Gott dem von ihm entfremdeten Menschen entgegen. Er, der Ferne, kommt uns nahe. Das Licht, das Gott selbst ist, kommt in die Finsternis seelischer Verlorenheit. Das Christentum glaubt, dass mit dem damaligen Jesus auch der Christus aller Zeiten geboren wurde und dass sich damit auch Entscheidendes an den Vorgaben unseres Menschseins, unserer Verfasstheit, namentlich unseres Abgekoppelt-seins von Gott verändert. Gott, der schon immer da war, wurde in Jesus leibhaftig und sichtbar.

Spirituell brisant an dieser Glaubensaussage ist, dass Reifungswege demzufolge nicht nur einen Aufstieg der Seele ins Licht beinhalten, sondern entscheidend auch Gnade. Und das heißt: Immer und jedes Jahr neu darf ich mich von Gott berühren lassen. Mit ihm gemeinsam darf ich neu anfangen. Ich kann auf Gnade setzen – grundsätzlich und auch gerade jetzt. Weihnachten ist so gesehen Mal um Mal Glaubensentscheidung: Glaube ich an Gott und daran, dass er mir nahe sein will?

3.4. Der Weihnachtsfestkreis und die Zusage: Mit Gott darf ich nochmals von vorne beginnen – wie ein Kind

Dieses Kommen Gottes auf die Welt wird liturgisch in mehreren Etappen ausgestaltet. Und die reiche Symbolik hilft uns, innerlich mitzugehen.

Advent ist die Chance, Gott aktiv zu erwarten und in der eigenen Sehnsucht anzukommen. Wir können uns am frühen Morgen, im Dunkeln, im Rorate-Gottesdienst, dem Licht entgegenstrecken.

Weihnachten selbst ist die Chance, berührt und wie ein Kind beschenkt zu werden. Und dies je nach Evangelium in anderer Aussage. Jahr um Jahr begehen wir dieses Fest und sind vielleicht jedes Mal von etwas anderem bewegt:

Da ist zunächst das *Symbol der Nacht*: In der frühen Kirchengeschichte wurden die weihnachtlichen Feierlichkeiten bewusst auf das heidnische Fest der Wintersonnenwende gelegt. In die Schwere der langen Nächte hinein kam neues Licht und damit auch die Hoffnung auf neues Leben, neue Lebendigkeit. Etwas davon spürt auch der adventliche Mensch von heute und streckt sich danach aus.

Dunkelheit ist Geburtsstätte neuer Hoffnung. Dunkel wie die Nacht ist auch der Mutterschoß. Genau hier im Dunkeln, noch bevor Licht und Dunkelheit als solche voneinander geschieden werden (im Ungeschiedenen, Non-dualen), beginnt das Neue. Manche erleben, dass ein Traum eine neue Hoffnung ankündigt, noch bevor sie eine solche (im Tagesbewusstsein) hätten denken können. Ihnen träumt etwa von einem neuen Kind, einem blühenden Arbeitsplatz oder dem aufkommenden Frühling im Schnee. Die Feierlichkeiten des Mitternachtsgottesdienstes knüpfen genau da an. Immer wieder höre ich, dass, wenn nichts anderes mehr berührt, so doch noch die Dunkelheit der Kirche und darin das gesungene »Stille Nacht«. Sicher schon mehrere Hundert nüchterne Erwachsene, Patientinnen, Patienten und deren Angehörige erzählten mir unter Tränen der Ergriffenheit oder stammelnd von dieser Erfahrung. Im Dunkel ihrer Seele leuchtete etwas auf, wurde identisch mit dem Licht oder dem Kind als Symbol für neue Hoffnung.

Das Motiv und *Symbol des göttlichen Kindes* (vgl. Lukas- und Matthäusevangelium) wirkt vorerst nur schon in seiner Aussage »Kind«: Es verheißt Neuanfang, Hoffnung, Einfach-sein-dürfen – und all dies von Gott her. Das Kind sucht Wohnung in uns. Einem Kind gegenüber, ein Kind in den Armen, werden wir weich und haben reflexartig Reaktionen der Liebe und Zärtlichkeit. Im gesungenen Lied »Stille Nacht« wirkt auch dieses Symbol sowie die andächtige Atmosphäre der Glaubensgemeinschaft.

Viele Gläubige werden berührt vom Evangelisten *Lukas*, der naturnah und in der Sprache des Kindes die Symbole wirken lässt: das Kind in der Krippe, Maria und Josef, Engel und Hirten. Wir denken uns den Stall und die Tiere dazu.

Die Hirten als instinktsichere Hüter in der Nacht gehören symbolisch zum großen Mütterlichen. Genau sie vermögen die Sprache der Engel zu hören. Und *die Engel* ihrerseits sind Boten Gottes.

Die Nähe zum Einfachen, Urtümlichen von Krippe und Hirten entspricht dem Archaischen allen Anfangs. Hier hinein wurde das göttliche Kind geboren. Lukas hat das in symbolischer Treffsicherheit so komponiert. Unsere Träume folgen ähnlichen Gesetzmäßigkeiten. Die damaligen Menschen lebten und dachten in Symbolen, weshalb die Weihnachtsgeschichte von Lukas unmittelbar verstanden wurde.

Das Motiv der Jungfrau, welches sowohl von Lukas (Lk 1,27) wie von Matthäus (Mt 1,18–25) aufgenommen wurde, ist ebenfalls symbolisch treffsicher. Es bedeutet mehr als allein »junge Frau«. Jungfrau besagt im Symbol, dass hier ein Mensch nicht verheiratet ist mit den Werten dieser Welt, sondern autonom, unverstellt und ganz in Gott begründet. Als reife Persönlichkeit (ob – vereinzelt – als Mann oder als Frau von heute) oder als einfache Frau, wie Maria es war. Über Maria sagt Lukas schlicht: »Maria aber behielt alle diese Worte und bewegte sie in ihrem Herzen« (Lk 2,19 nach der Lutherübersetzung).

Auch *der Evangelist Johannes* erzählt in Metaphern (Joh 1,1–18): *Logos, Licht und Finsternis.* Seine Sicht auf die Dinge dieser und einer andern Welt ist die Sicht eines

Mystikers und entspricht dem Blickwinkel einer Nahtod- oder Sterbebetterfahrung. Hier haben wir, einem Schöpfungsmythos ähnlich, ein Stück Entstehungsgeschichte vor uns liegen: Alles beginnt im Einen, Nondualen und aus dem Einen – dann wird Dualität, auch Tragik. Genau da hinein ist Rettung wie vom Anfang her schon angedacht. Der Ausdruck *Logos* muss dabei gehört werden wie ein Wirkwort, was mehr bedeutet als einfach ein Wort. Wirkworte folgen dem Muster: »Gott sprach, und es geschah« (vgl. Genesis 1).

Wer von uns noch nie von einer mystisch-spirituellen Erfahrung berührt war, hat es schwer, Johannes zu verstehen. Indes, wer mit dieser Sprache vertraut ist, spürt, wie Johannes von Anbeginn an visionär das Ziel aller Entwicklung – Sinn und Rettung – sah. Man könnte sagen, dass allein schon die Tatsache, dass es Jesus gab, für Johannes Erlösung bedeutete: eine Umwendung des Schicksals, der Tragik. Genau er, der seinerseits Mystiker gewesen sein musste, sah das heilende Potenzial, welches über Jesus stand: Dieses war im Anfang bei Gott, identisch mit Gott (griechisch: zu Gott hingewendet, auf ihn bezogen). Nach Johannes ist Gott von Anbeginn an stärker als alle Tragik. Ihm dürfen wir vertrauen. Johannes zufolge dürfen wir uns vom Anfang – von Gott – her nochmals neu ausrichten und leben.

Mit *Epiphanie,* dem zweiten Hochfest im Weihnachtsfestkreis, wird uns mit dem Evangelisten *Matthäus* schlagartig bewusst, dass das göttliche Kind von Anfang an bedroht ist. Dies stimmt auch im Sinne einer inneren Gesetzmäßigkeit: Genau jener Seelenteil in uns, der sich von Gott her definiert, ist in unserer Welt unverstanden und zur Flucht genötigt. Er braucht einen gottesfürchtigen und treuen *Josef,* der auf seine Träume hört und das bedrohte Leben tatkräftig beschützt. Selbst *Herodes* kann als Teil unserer selbst gedeutet werden, als jene innere Tendenz, die keine Macht- oder Strukturwechsel will, sondern lieber das Neue von Anfang an auszurotten versucht. Doch dies wird nicht gelingen. Das Göttliche erweist sich als stärker, langatmiger.

An Epiphanie sind wir eingeladen, »Josefs-Menschen« zu werden oder wie *die drei Weisen aus dem Morgenland* von weit her zur Anbetung des Kindes zu kommen. Die inneren Wege bis dahin sind oft lange und beschwerlich. Es geht darum, dass wir dem irdischen Machtdenken (Herodes) eine Absage erteilen und uns Mal um Mal am Stern orientieren. Beim Kind angekommen, geschieht Huldigung, ein altertümliches Wort. Die Weisen brachten ihm Gold (Symbol für das Kostbarste und Nicht-machbare), Weihrauch (Symbol für höchste Verehrung) und Myrrhe (Bestandteil des heiligen Salböls, das Wunden und Schmerzen heilt) dar. In der Anbetung geschieht offenbar etwas tief Innerliches: Berührt vom (göttlichen) Kinde, gehen die Weisen – gehen auch wir – auf anderen Wegen heim.

3.5. Passion und Ostern: historische Hintergründe

Der Osterfestkreis hat historische Wurzeln. Die Evangelien berichten, wie sich die Lage Jesu zuspitzte, derweil weder seine Botschaft vom nahen Himmelreich noch sein Zeugnis der Liebe und dahinter der Zuwendung Gottes zum Menschen begriffen wurden. Jesus wurde verfolgt, geschmäht, gegeißelt und schlussendlich gekreuzigt. Erstes historisches Faktum ist all das, was ihm geschah.

Ein zweites historisches Faktum besteht in dem, wie Jesus sich im Leiden verhielt: Er war selbst den schwierigsten Herausforderungen gewachsen. Er lebte in höchstem Ausmaß souverän, bewusst, liebend und treu. In großer Fassung und Würde ging er – das Kommende spürend – auf Jerusalem und seine Todesstunde zu. Vielleicht sprach er letzte Worte in nochmaliger Verdichtung (Anliegen der Abschiedsreden des Johannesevangeliums). Er hielt das Letzte Abendmahl mit den Jüngern und brach das Brot. Und dies in einer Innigkeit, die wir bestenfalls bei einzelnen Sterbenden erfahren, welche sich ihren Liebsten verschenken. Jesus bat um Verzeihung für die Übeltäter (Lk 23,34) und nahm sich sterbend noch des neben ihm gekreuzigten Verbrechers an.

Selbst im Leiden blieb Jesus seiner Botschaft, sich selbst und dem Vater treu: Er wich diesem schrecklichen Tod nicht aus. Er starb relativ rasch, unter dem Spott der Anwesenden. Kreuzigung bedeutete meist: Erstickungstod. Markus und nach ihm Matthäus erzählen, dass Jesus mit lauter Stimme geschrien habe: »Mein Gott, mein Gott, warum hast Du mich verlassen?«, und dann starb (Mk 15,34). Da diese Worte zugleich den Anfang des Psalms 22 beinhalten, dürfen wir annehmen, dass Jesus – gottverlassen – diesen Psalm zu rufen begann und dann betend in den Vater einkehrte. Nach Lukas rief er laut: »Vater, in Deine Hände lege ich meinen Geist« (Lk 23,46). Nach Johannes: »Es ist vollbracht« (Joh 19,30).

Historisch ist auch, dass Jesus begraben wurde. Seine Gegner glaubten die Sache Jesu als erledigt. Doch das Gegenteil geschah: Viele Menschen – Maria von Magdala, die Frauen (Mt 28,1, Lk 24,1), Johannes, dann Thomas und andere mehr – erzählten von unglaublichen Erfahrungen, die sie mit dem leibhaftig Auferstandenen gemacht hatten. Selbst Paulus berichtet davon (vgl. Apg 9,1–8). Diese Erfahrungen lösten eine Dynamik aus und begründeten den christlichen Glauben.

3.6. Der Osterfestkreis und die Frage nach der Erlösung »für uns«

Das Drama der Passion Jesu ist so dicht, dass wir allein schon beim Lesen der Geschichte (in welchem Evangelium auch immer) in die Erfahrung hineingenommen werden.

Kann all dies gebührend gefeiert werden? Dies ist die Frage an die Kirchen. Wie? – In Ehrfurcht, berührend und doch nicht überfordernd, unserem Bedürfnis nach Begreifen (soweit das Geheimnis dies zulässt) verpflichtet. Wir kennen die Stationen: Aschermittwoch, 40 Tage fasten, der Palmsonntag, welcher die Karwoche einleitet, dann die Höhepunkte Gründonnerstag, Karfreitag, Karsamstag und Ostern. Es folgen die Wochen nach Ostern, Christi Himmelfahrt und Pfingsten. Ob diese Schritte für Jung und Alt zur berührenden Erfahrung werden, hängt von einer aufgeklärten und zugleich spirituell glaubenden Verkündigung und Feier ab. Inwiefern aufgeklärt?

Mit Blick auf die Bibelauslegung sehne ich mich nach einer Kirche, welche bewusst das Heilsgeschichtliche vom Historischen unterscheidet. Zur Heilsgeschichte gehört die dem ganzen Osterfestkreis grundgelegte Frage: Worin besteht das Erlösende eines solchen Sterbens für uns? Historisch ist die Frage, was Jesus konkret gesagt und getan hat. Das sind zweierlei Denkstränge. Ihr undifferenziertes Vermischen wird heute nicht mehr verstanden.

Die Gleichung, wonach Jesus für unsere Schuld und Sünden gestorben sei und wir seither von unseren Sünden frei seien, ist zu einfach. Der Ausdruck »Erlösung aus Schuld« ist, wenn auch nicht einfach falsch, so doch irreführend: Gewissensappell. Eine solche Gleichung würde überdies verwechselt mit einem Tauschhandel. Erlösung aber ist weder Buchhaltung noch Magie, sondern ein Prozess, eine auf weiten Strecken nachvollziehbare Dynamik. Wesentliches geschieht gnadenhaft, aber meist nicht ohne unseren Beitrag, nicht ohne unsere Offenheit.

Statt der herkömmlichen Formulierungen wäre es wohl zutreffender, zu sagen: Jesus starb aufgrund der eskalierenden Dynamik gegen ihn. Und weil er sich und seine Botschaft nicht verleugnete noch sich feige davonschlich. Er ist den Kreuzweg als starke Persönlichkeit bewusst gegangen.

Dass dies zu unserem Heil sei, hat Jesus wohl geahnt, auch wenn kaum in so einfacher Gleichung. Insbesondere die Vorstellung, dass Jesus uns mit Gott habe versöhnen wollen und sich selbst als Sühneopfer hingegeben habe, dürfte nicht von Jesus selbst stammen (vgl. Kap. 4.7), denn das stünde quer zu seinem ureigenen Gottesbild.

Vielmehr hat Jesus aufgrund seiner ungebrochenen Gottnähe schon lange vor seinem Sterben gespürt, woran wir Menschen leiden und wessen wir bedürfen. Er ist schon immer davon ausgegangen, dass sein Dasein und Wirken heile. Er liebte die Menschen, er wollte helfen, heilen, retten, ohne Angst um sich selbst. Er durchschaute in seiner Gottverbundenheit seit jeher das Böse und setzte Mal um Mal auf Erlösung. Passion und Kreuzestod sind »nur« Fortsetzung solch heilsamen Handelns: nochmals verdichtet und durchgehalten bis zum bitteren Ende.

Was heißt dann aber Erlösung durch Jesus »für uns«? Um diesen Glaubenssatz besser zu verstehen, frage ich vorerst: Worin sind wir erlösungsbedürftig? Was an uns soll erlöst, überwunden oder neu werden?

Erlösung gilt in erster Linie unserer Entfremdung von Gott und von unserer eigenen Seelentiefe. Wir Menschen dürfen wieder hineinfinden in jene Mitte, wo auch in uns Gott und unser Wesenskern noch eins sind.

Primär geht es also um Erlösung aus Prägung, aus etwas, das aller Schuld in unserer Biografie vorausgeht. Sekundär geht es um Erlösung aus vielen daraus gewordenen Fehlanbahnungen, denn wo die Ausgangslage wie verdreht ist, entstehen auch Folgeerscheinungen unter falschen Vorzeichen. Konkret geht es etwa um Erlösung aus unserer Ich-Dominanz, welche sich anstelle der Gottbezogenheit entwickelt hat. Oder um Erlösung aus Gier, welche so nur ist, weil uns das Gesättigt-sein von Gott her abhandengekommen ist. Oder um Reaktionsmuster der Macht, mit denen wir unsere Ich-Dominanz behaupten. Erlösung einfach von allem, was im Zuge menschlicher Entfremdung geworden ist und doch *so* nicht sein müsste.

Mit Blick auf solche Folgeerscheinungen stimmt dann auch die Aussage, dass wir »aus Schuld« oder »aus den Fängen des Bösen« erlöst werden müssen. Warum? Das Böse wird genau auf dem Hintergrund menschlicher Entfremdung einsichtig: Es ist Sammelsurium jener Eigendynamik, die abgespalten ist von Gott und entsprechend wirkt. Als solches ist das Böse selbst tief erlösungsbedürftig und übersteigt uns doch bei Weitem. Wir erliegen ihm oft unmerklich, gerade weil wir unsere Mitte in Gott verloren haben. Die Bibel spricht von Versuchung. Dann werden wir tatsächlich da und dort schuldig, nicht zwingend, aber – beurteilt im Blick auf unsere Menschheitsgeschichte und auf die Art, wie wir unsere Beziehungen leben – doch recht häufig. Und ernsthaft.

Worin bestand das Erlösende an Jesus? Es gibt meines Erachtens eine Heilsdynamik, die wirklich mit Jesus in die Menschheitsgeschichte kam. Oder im Bild der erwähnten Anbahnung (vgl. Kap. 3.2) gesprochen: einen Weg, den genau Jesus für uns gepfadet oder gespurt hat. Inwiefern? Es geschah über:

1. Jesu Person: Jesus selbst war in seinem Bei-sich-sein und Angeschlossen-sein an den Vater absolut nicht entfremdet. Vorbild, dem wir – so weit es geht – nachfolgen können. Jesus warb sogar um Nachfolge.
2. Mystik: Als mystisch mit dem Vater Verbundener wirkt er nicht nur im Außen, sondern auch in unserer Seele. Er ist Urbild, das uns über Innenschau, Meditation und Kontemplation zugänglich wäre. Nur so?
3. Botschaft: Jesu Botschaft brachte Probleme ins Wort und gab Antworten, etwa die Seligpreisungen oder die Ankündigung, dass das Reich Gottes nahe sei (Mk 1,15), sowie die Gleichnisse vom Himmelreich. Jesus wurde zur neuen Wahrheit. Doch diese wurde und wird kaum begriffen.
4. Heilungen und Durchschauen des Bösen: Jesus erlöste ständig durch seine Heilungen und in seiner Bewusstheit. Er durchschaute das Böse (vgl. das Phänomen Besessenheit) wie kein anderer und wusste, was die Heilsuchenden heilt. Darin

wurde er geachtet, aber auch gefürchtet und geächtet.

5. Leben in Vollmacht: Insbesondere erlöste Jesus über sein Verhalten, etwa über seine so gar nicht neurotische und doch überwältigende Liebe oder über seine Reaktionen auf Machtgier und Machtmissbrauch (er konfrontierte, aber musste sich nicht rächen, sondern ging mit allem, was war und schmerzte, zum Vater).

Die Mächtigen und die Machtfrage waren es schließlich, die Jesus in die Passion und in den Kreuzestod zwangen. Eine Verdichtung? Eine Gesetzmäßigkeit aller Machtprägung? Eine spirituelle Prüfung? Die Machtfrage ist letztlich Gottesfrage und lautet: Wem gehört die Macht – Gott oder den vielen Egos? Oder anders gefragt: Wer ist Herr über die menschliche Seele – Gott oder all die Irrtümer dieser Welt und ihre Götzen (vgl. Lk 4,1–12)?

Im Gegenüber von Jesus waren vorab die Mächtigen nicht bereit, ihre Macht und Vorrangstellung preiszugeben für eine neue Verbundenheit mit Gott. Genau sie begriffen nicht. Durch sie – und in der Gottesfrage – war Jesus bis ins Innerste herausgefordert. Weil er selbst diese Situationen bis hin zum Kreuzestod genial meisterte, kam es zu einer Wende im Energetischen.

Oder, in Worten der Theologie, zur Erlösung vom Bösen. Doch wie?

In energetischer Perspektive bedeuten Passion und Kreuzestod eine Zuspitzung (vgl. Schwager 1996) bis hin zur Wende: Immer stärker spitzten sich die Anfeindungen gegen Jesus zu, immer tiefgreifender musste er sich im Vater verorten, aus ihm heraus das Ungute durchschauen und im Guten bleiben. Jesu Aktionsradius im Guten wurde kleiner und kleiner, bis ihm nichts mehr an Reaktion im Außen möglich war. Doch innerlich blieb er – sterbend – er selbst. Dann die Wende: Jesu Feinde hatten endlich, was sie wollten, und doch hatten sie seine Seele, seinen Geist weder in Besitz noch vernichtet. Das ist vielleicht das Entscheidendste. Von vereinzelten Patienten, die in ihrem Leben Opfer von Folter wurden (»Kinderkonzentrationslager«, Kämpfer in Kurdistan, Geiselhaft in Irak), höre ich, dass für sie die größte Herausforderung darin gelegen habe, sich nicht mit dem zu identifizieren, was ihre Peiniger ihnen antaten. Gelang es ihnen, ihre Peiniger *innerlich* von sich zu weisen, ihnen nicht Recht und Legitimation für ihr Tun zu geben und Letzteres doch zuzulassen, so waren sie ein Stück weit »gerettet«. Sie fielen nicht in Selbsthass, Selbstdestruktion und totale Verzweiflung. Jesus gelang dies meisterhaft. Wenige Momente des Zweifels sind uns überliefert und machen ihn menschlich. Im Ganzen aber gehörten Jesu Seele und sein Geist *Gott* und damit ihm selbst.

So ging Jesus trotz Kreuzigung weder als Verlierer noch als Mittäter (gegen sich oder Dritte) aus diesem Schrecklichen hervor. Im Gegenteil, er starb geeint im Vater. Sogar Vergebung war Jesus möglich. Da war kein Nachspiel, kein neuerlicher Mob auf den Plan gerufen, keine Rache für eine nächste Generation vorprogrammiert. Wende im Energetischen heißt: Das alte Spiel war ausgespielt, Wiederholungen waren nicht nötig. Ein Vakuum, ein Nullpunkt, ein Vorraum für Frieden war eröffnet. Da hinein hatte Gott überhaupt wieder eine Chance, zu wirken. Ostern offenbart uns Gott selbst und wer er ist: Dynamik von Leben und Liebe. Und dies so stark, dass die Jünger den Auferstandenen als Verklärten und Lebenden erfahren durften.

Fazit: Wenn von Erlösung die Rede ist, muss der Vater hinter Jesus stets mitgedacht werden: Er ermöglichte, befähigte und nur von ihm her ist alle Spaltung und so auch das Böse überwunden. Im Leben wie im Sterben ging Jesus Mal um Mal hinter die Polarisierung zwischen Gut und Böse und damit auch hinter das Böse zurück: in die Einheit mit dem Vater. Von dorther bezog er Ruhe, Kraft zum Verschmerzen und Freude. Erlösung ist mehr als »nur« Unterbrechung, sie wurzelt letztlich im Vater. Auch für uns. Zu Gott heimkehrend finden auch wir Friede und Neuanfang. Ein Angebot, das aber ohne uns nicht stattfindet (vgl. Kap. 4.8).

Von Jesus her war mit dem Tod alles übergeben an Gott: erlöst. Wie aber gingen und gehen die Generationen nach Jesus (Kirchen, Christen, Nichtchristen) mit seinem Erbe um? Wie weit wurde und wird er verstanden in seiner Gewaltlosigkeit, Liebe und Vergebung? Darf Erlösung als Wende im Energetischen Bestand haben?

3.7. Der Osterfestkreis und die Frage der Neuwerdung durch Leiden hindurch

Passion und Ostern wären nicht umfassend verstanden, wenn nicht gesehen würde, was sie bei vielen Leidenden und Sterbenden bewirken. Ihnen, die verständlicherweise an Gott irrewerden, gab Jesus mit seinem Durchschreiten von Schicksal, Passion und Tod die »Option Gott« zurück. Gilt dies auch für uns? Gott ist nicht fern im Leiden, sondern unsichtbar nah. Mitleidend. Er ist nicht tot im Tod, vielmehr entsteht von ihm her ein neuer Anfang.

Wie kann Kirche das Mysterium von Jesu Passion, Kreuzestod und Auferweckung so feiern, dass es unsere Herzen bewegt? Jahr um Jahr versucht sie es. Immer wieder gelingen eindrückliche Erfahrungen. Immer wieder bleibt Anderes hinter dem Potenzial, das diesen Tagen innewohnt, zurück.

Aschermittwoch als das Bewusstwerden unserer Hinfälligkeit und unseres Angewiesen-seins auf den Ewigen. Ich erinnere mich, dass ich einst durch das Aschenkreuz, gespendet von Person zu Person, ganz körperlich berührt worden bin.

Fastenzeit (so viele Wochen, wie sie dauert) ist Chance, wenigstens zwischendurch oder in der Absicht, anzukommen im Wollen und Entsagen. Die Chance, wesentlich zu werden.

Palmsonntag, der veranschaulichen kann, wie nahe sich Jubel und Passion sind. Jesus lässt den Jubel der Menge zu, identifiziert sich aber nicht damit.

Gründonnerstag als Geheimnis unseres Verbundenseins mit Gott und untereinander (Communio im Heiligen). Und »dies« geschah über Jesus. Das Johannesevangelium zur Fußwaschung bringt sogar begrifflich auf den Punkt, dass es um Anteilhabe an Jesus (und mit ihm an Gott) geht. An diesem Abend feiern wir Jesu Liebe, die nie inniger war als vor seinem Leiden und Sterben. Hier gab Jesus alles, sich selbst. Die Liturgie lebt vom Einfachen, von der Ehrfurcht. Sie wird zur Erfahrung, wo kein Wort zu viel, keine Gebärde zu schnell kommt oder unverstanden bleibt, wo Musik und Schweigen zu Herzen gehen, und insgesamt: wo Jesus selbst wirken kann (zur Eucharistie, Brot und Wein, vgl. Kap. 4.7).

Karfreitag ist der Tag des Leidens Christi. In evangelischen Gottesdiensten durfte ich mehrfach die Würdigung dieses Leidens und hervorragende Deutungen hören. In katholischen Gottesdiensten erlebte ich das Leiden stärker mit. Ich war etwa hineingenommen in die Via Dolorosa: in die Station der Dornenkrone, ins wortlose Kreuztragen des Simon von Cyrene, in den Schmerz der Veronika mit ihrem legendären Schweißtuch oder in Marias Schmerz unter dem Kreuz. Dieser Tag ist stets auch mit dem Bewusstsein um unsere Erlösungsbedürftigkeit verbunden. Mea culpa der Welt. Kann Kirche uns in Vorsicht und Liebe heranführen an das schwierige Thema Schuld? Kann ich, können wir etwas von unserer Biografie loslassen in der Hoffnung auf Gottes Barmherzigkeit? Man bringt in der Liturgie etwa eine Blume ans Kreuz.

Eine weitere Bedeutung des Karfreitags betone ich als Sterbebegleiterin: Viele Kranke und Sterbende ertragen keinen Gott in erhabener Ferne. Aber Jesus in Passion und am Kreuz beeindruckt sie. Er ist ihnen nahe und lehrt sie, was Würde ist: Würdig sind Leidende, wenn sie sich zu ihrem Leiden innerlich verhalten im Bewusstsein, dass ihnen ihre Identität von anderswoher zukommt (vgl. Kap. 2.3). Für einige Leidende ist Jesus innerlich präsent – Christus. Sie scheitern – *wie er*. Und sie sind darin – oft über Wochen, Tage, Stunden traurig und doch schlussendlich tief glücklich – *wie er*. So entnehmen wir etwa dem letzten Brief von Jakob Gapp aus Berlin Plötzensee vom 13.8.1943 die eindrückliche Bitte: »Trauert nicht um mich. Ich bin restlos glücklich. Ich habe natürlich viele schreckliche Stunden mitgemacht, aber ich konnte mich auch sehr gut auf den Tod vorbereiten …« (vgl. Siebenrock, 2009, S. 86).

Wie aber kann das Bild vom Opferlamm verstanden werden? Die Metapher steht für Hingabe, Gewaltlosigkeit und Unschuld, so wie es Jesus insbesondere in Passion und Sterben gelebt hatte. Wie kaum ein anderes Tier wehrt sich das Lamm nicht, wenn es getötet wird. Jesus selbst hatte gemäß Lukasevangelium schon früher auf die Qualitäten des Lammes gesetzt in den Worten: »Siehe, ich sende euch wie Lämmer mitten unter die Wölfe« (Lk 10,3 nach der Lutherübersetzung). Es gab damals verschiedene Vorgaben, die dieses Symbol für obige, in Jesus verdichtete Eigenschaften nahelegten:

> So etwa wusste man, dass, wenn ein Lamm zum Schlachten geführt wird, es gänzlich ohne Fehl und Makel war. Ich ergänze: Es war gänzlich es

selbst (man beachte 1 Petr 1,19 sowie den hebräischen Ausdruck »tam«, welcher untadelig, rechtschaffen, ganz im Sinne von »ohne Fehlerhaftigkeit« bedeutete).

Sodann gab es biblische Vorgaben wie jene des gewaltlosen Gottesknechtes (Jes 53; vgl. Schenker, 2001, S. 75–85). Oder das Bild bei Jeremia, wonach das Lamm zur Schlachtung geführt wird (Jer 11,19) und dort für den Propheten steht, der wegen seiner Botschaft verfolgt wurde.

Vor allem wurde in der alljährlichen Passafeier (Pessach) ein Lamm verzehrt.[8] Jesus starb vermutlich zum Zeitpunkt, da die Passalämmer geschlachtet wurden (am Rüsttag des Passafestes, Joh 19,14).

All dies dürfte Johannes vor Augen gehabt haben, wenn er gleich zu Beginn seines Evangeliums den Täufer über Jesus sagen lässt: »Seht, das Lamm Gottes …« (Joh 1,29;1,36). – Jesus als Opferlamm kann sogar für uns erlösende Anbahnung sein in Momenten und Situationen, da auch wir nicht anders können als gewaltlos, in Hingabe und im Bewusstsein um unsere diesbezügliche

8 Vgl. Joh 18,28;19,14.31.42; das Erfüllungszitat Joh 19,36, sowie 1 Kor 5,7; 1 Petr 1,19.

Unschuld zu schweigen (vgl. Siebenrock, 2009). Opferlamm ist eine andere, heilsamere Deutung des Phänomens »Sündenbock«.

Karsamstag ist der Tag der Grabesruhe, des Schweigens und der Anfrage an die Gräber dieser Welt mit ihren Gewalttaten und Verdrängungen. War das Leben Jesu, war das Leben so vieler Opfer dieser Welt, so vieler stummer Toten sinnlos? Im alten Glaubensbekenntnis und dem Satz »... abgestiegen in die Unterwelt und am dritten Tage wieder auferstanden« kommt eine tiefe Lebensweisheit zum Ausdruck. Das Heilende kommt aus einer Seinswirklichkeit, welche auch die Trennung zwischen Ober- und Unterwelt überwindet und selbst die Abspaltung der Unterwelt übersteigt oder hinter sich gelassen hat. – Mit Blick auf uns Menschen heißt das: Der Weg geht durch das Äußerste hindurch und nicht daran vorbei.

Mein Traum einer Kirche des Karsamstags ist bislang fast nur ein Traum: Ich träume von einem als solchem noch nicht geborenen Ritus, einer Schweigeminute oder nur schon von einem Karsamstags-Bewusstsein, in welchem selbst die verborgenen oder gar verlorenen Fragmente unseres Lebens und Scheiterns aufgenommen sind und worin andere stellvertretend für uns auf Hoffnung setzen. Haben wir zu wenig begriffen? Wie sonst ist es zu erklären, dass die Kirche nicht weiß, wie sie mit den schlimmsten Opfern der Geschichte und ihren Tätern umgehen soll? Mit all dem Leiden, das auch in der Kirchengeschichte nie wahr sein durfte? Ich meine: weil sie keinen Raum hat für das tief Unerlöste in uns. Es klingt seltsam: Kirche feiert Erlösung und hat doch selbst zu wenig Bewusstsein für das, was viele von uns – und damit auch sie selbst – tief gefangen hält und umtreibt: für das Existenzielle und Körpernahe der Angst. Für das Ausmaß an Verletzung, an Wut und Verdrängung. Dafür, dass Racheimpulse gleich zur Stelle sind und uns wie böse Geister in Besitz nehmen. Dafür, dass aus manchen Opfern fast unweigerlich Täter werden (vgl. Stauss 2010) und dass solche Kreisläufe sich anfühlen wie ein generationenübergreifender Fluch.

Wir werden als Menschen nie fertig werden, weder mit den Opfern und deren Leiden noch mit den Tätern und der über ihnen hängenden Last. Wir werden nie fertig werden mit der Weltgeschichte, der Kirchengeschichte oder nur schon mit den Familiengeschichten. Was wir hingegen heute schon könnten: die Abgründigkeit menschlicher Leiden sehen, uns davon ergreifen lassen und damit vor Gott gehen, selbst dort, wo Worte fehlen. Noch hat Kirche kaum Gefäße, um diesen Abstieg in die Unterwelt in einem Ritus zu begehen, kaum Angebote zur schrittweisen Bewusstwerdung, keinen

Leitfaden, um uns da hineinzunehmen in der Hoffnung auf einen Durchgang.

Das »religiöse Material« zu Karsamstag wäre da – von Jesus wie vom Vater her. Warum treten wir nicht ein in diese Spur? Ist die katholische Kirche zu überaltert, zu steif? Ist die evangelische zu sehr bestimmt vom Rationalen? Es geht mir nicht darum, noch einen weiteren Gottesdienst anzubieten in den ohnehin schon gefüllten Kar- und Ostertagen. Es geht viel eher um ein Bewusstsein. Es scheint, als seien wir noch nicht angekommen in jener »Logik« der Passion Jesu, welche den Menschen auch in seinem Opfer-sein erkennt und so tief aufrichtet und heilt, dass es den Opfern überhaupt möglich wird, in Gott hinein loszulassen und dem Schicksal und ihren Peinigern Mal um Mal zu vergeben. Opfer brauchen nicht Lossprechung, sondern Würdigung! Und Täter, welche meist ihrerseits zuerst Opfer waren, brauchen Barmherzigkeit. Beide brauchen Wahrheit.

Vielleicht vermag der Karsamstag etwas von jener Schwere aufzunehmen, die uns dort überfällt, wo wir die großen Leiden, Schulden und Versäumnisse der Welt nicht länger verdrängen. Wo wir ehrlich hinschauen, momenthaft mit-aushalten, mit-schreien, mit-vergeben und um Vergebung von Schuld beten – und um Gnade auch für uns. Eine Gebetsminute zwischen Karfreitag und Osternachtfeier? Momente des Gebets im Alltag?

Ich träume von einer Kirche, die uns auch in unseren Abgründen aufnimmt und uns im Ganzen unserer Person – einschließlich der Täteranteile in jedem von uns – Raum gibt in Gottes Heilsgeschichte. Es genügt nicht, einem Täter zu sagen: »Deine Sünden sind Dir vergeben«, derweil er noch immer keine emotionale Verbindung zu sich selbst und seinen Untaten hat und das Ungeheuerliche bald einmal erneut begeht. Es braucht Wortfindung und Bewusstwerdung im Fluch wie im wortlosen Opferdasein. Noch haben wir – abgesehen von vereinzelten herausragenden Persönlichkeiten – keinen Ort, wo es diese Tragik vor der Welt »geben darf«.

In der Geschichte des Christentums begann die Ausgrenzung solcher Menschen und der über ihnen hängenden Last schon mit Judas. Ich meine, auch für Judas gibt es letztlich Gott, den Raum des Non-dualen und der Barmherzigkeit. Anders wäre Gott nicht *Gott*. Uns Menschen fehlt – wie wohl schon den Evangelisten – jenes letzte Verstehen. Ich zweifle also daran, dass es wirklich Jesus war, der Judas bis ins Letzte verurteilte.

Eine Kirche der Zukunft wäre genau der Ort, wo jeder und jede in ihrem Wesenskern sein darf, wo Wiederholungen unterbrochen und Wortloses ins Wort finden kann. Der spezielle Segen Urbi et Orbi, gespendet von Papst Franziskus am 27.3.2020 für die Opfer der

Covid-19-Krise,[9] war etwas in diese Richtung. Seine sichtliche Betroffenheit bewegte. Eine Spur neuer Anbahnung? Ebenso bewegend war der wenige Tage später als Weg des Lichtes gestaltete Kreuzweg[10] auf dem leeren Petersplatz. Schwierigste Familiengeschichten von heute, etwa jene der Mutter eines Mörders, wurden ins Leiden und Sterben Jesu hineingeholt.

An *Ostern* findet »es« statt: Gott hat erhört, Gott hat initiiert. Der Schrift zufolge hat Gott damals Jesus auferweckt. Frieden und Vergebung finden statt. Neues Leben und neue Kreativität kommen hervor wie das alljährliche Grün im Frühling. Im Katholischen wird die Osternachtfeier zum (Nach-)Vollzug von Wandlung: Erinnerung an die Befreiung Israels aus Ägypten, Feier der Auferstehung Jesu Christi, Lichtfeier, Taufwassererneuerung. Alles zielt auf die Erneuerung auch unserer Seele. Es geht um Hoffnung pur. Darf Erlösung gelingen? Gibt es die leeren Gräber, gibt es Auferstehung noch heute? Ostern ist das Fest der Gotteserfahrung. Solche Erfahrungen sind – oder sie sind (noch) nicht. Jede Erfahrung ist überwältigend – und trotzdem punktuell. Anfang neuen Glaubens. Mit der Erfahrung um-

---

9 https://www.vaticannews.va/de/vatikan/news/2020-03/papst-franziskus-urbi-et-orbi-fastenzeit-2020-gebete-litaneien.html.

10 https://www.vaticannews.va/de/papst/news/2020-04/papst-franziskus-vatikan-kreuzweg-karfreitag-corona.html.

zugehen, bleibt Herausforderung – heute nicht anders als vor 2000 Jahren. Drei Beispiele:

Ein Schwerkranker: »Durch meine akute Leukämie bin ich ein Anderer geworden. Ich war ein Boss, dann (in der Zeit ohne Abwehrkräfte) nur noch ein Hund, wobei ich Hunde liebe. Dann kamen Komplikationen und ich war ein Wurm, bis mir von einem Nest, einem Vogelnest ähnlich, träumte. Es bestand aus Licht. Ich durfte genesen. Warum genau ich? Jetzt ›bin‹ ich und versuche, in der alten Umgebung mich als ein neuer Mensch zurechtzufinden.«

Einer Frau in schwieriger familiärer Situation träumte von einem Eisenbahnnetz. Dabei lösten sich die Geleise auf, ein neues Netz musste gebaut werden. Dann hörte sie im Traum die ihr aus der Kindheit vertrauten Worte: »Glaube kann Berge versetzen.« Und sie war erfüllt mit neuer Hoffnung – auch für ihre Familie.

Ein Zeitungsbericht (NZZ am Sonntag, 29.3.2020) berichtet von der Genesung einer 33-jährigen Frau, die aufgrund der Covid-19-Erkrankung 10 Tage in Narkose auf der Intensivstation, intubiert und an die Beatmungsmaschine angeschlossen, lag. Sie überlebte. Wenige Tage danach, noch immer im Spital, vermochte sie zu erzählen, wie sie diesen Zustand erlebt hat: Nach außen war Besuchsverbot – in ihrem inneren Erleben (das am ehesten als ein Zustand wie zwischen zwei Welten gedacht werden muss, Anmerkung der Verfasserin) – sei sie von ihren Lieben aus nah und fern besucht worden. Dann habe sie gehört, dass sie jemand deutlich, mit heller Stimme bei ihrem Namen rufe. »Jetzt muss ich sterben«, habe sie geschlossen. »Doch plötzlich hörte ich eine zweite Stimme. Und die sagte mir: Hab keine Angst. Du wirst weiterleben.« Am zehnten Tag wurde die Frau von der Beatmungsmaschine befreit.

Auffahrt, Bitttage und Pfingsten werden hier nicht näher ausgeführt. Es würde den Rahmen des Buches sprengen. Das Geistgeschehen ist heute recht gut verstanden und in die gottesdienstlichen Räume geholt. Es geht um Gott, Christus und um den Beistand »in uns«, um Sammlung in der Gemeinschaft und – in den Worten einer Katechetin – darum, dass »von Pfingsten her nun wir dran sind«. Geistgewirkt.

4. Eine Kirche, die Gemeinschaft im Heiligen feiert

Kann eine Kirche der Zukunft auch unter dem Jahr zur Geburtsstätte von Hoffnung für uns und für die weite Welt werden? Gott möchte auch in unserem Alltag präsent sein. Kirchliche Zusammenkünfte sind anders als weltliche. Ihre Chance ist eine besondere Atmosphäre. Hier ereignen sich, wenn es sein darf, Gottnähe und Gemeinschaft im Heiligen. Doch wie kommt es dazu? Eine der Spuren führt uns zu Jesus.

4.1. Wie kann Jesus über seine Zeit und seinen Lebensraum hinaus wirken?

Wie wird Jesu Liebe, wie seine Person heute gegenwärtig? Die traditionelle Antwort lautet: in seinem Wort, im Sakrament, im Nächsten, bevorzugt in den Bedrängten und Armen (vgl. Mt 25,31–46). Es kann sich in traditionellen und neuen Formen des Zusammenseins ereignen: »Wo zwei oder drei in meinem Namen zusammen sind, da bin ich mitten unter ihnen« (Mt 18,20).

In den traditionellen Gottesdiensten geht es um einen durch Jesus gestifteten Kult[11], aber auch darum, dass dieser nicht leer ist. In neuen Formen, ohne welche Kirche zu sterben droht, geht es primär um ein Bewusstsein: Jesus ist »da«, mit mir, in unseren Begegnungen, unserem Helfen. Für neue Formen kirchlichen Zusammenseins braucht es Mut wie Demut und vor allem die Vergegenwärtigung von Jesu Mystik.

Zum Mut: Schon Karl Rahner sieht die Kirche der Zukunft vor sich und fordert 1962 in seiner Rede am Österreichischen Katholikentag, dass wir »das Äußerste wagen« (Rahner, 2013, S. 29), wobei sein Bezugspunkt Gott selbst ist. Wir sollen nach Rahner nicht die Frage nach dem »Muss« (wie weit man gehen muss) stellen, sondern nach dem »Darf«: »Wie weit darf man unter Ausnützung aller theologischen und pastoralen Möglichkeiten gehen, weil die Lage des Reiches Gottes sicher so ist, daß wir das Äußerste wagen müssen, um so zu bestehen, wie Gott es von uns verlangt?« (ebenda). Mit Blick auf die Ökumene etwa erhebt er die Frage: »Wie schöpfen wir alle nur sinnvollen, von unserem ...

11 Vgl. Theißen & Merz (2011), S. 359–386.

Gewissen nur irgendwie denkbaren Möglichkeiten eines Entgegenkommens aus, mutig und unbekümmert, weil wir es uns heute einfach nicht mehr leisten können, da weniger zu tun, um der Einheit der Christen wenigstens näherzukommen« (ebenda). Später wirbt Rahner für das »Experiment«[12]. Zur Demut: Trotz allem sind unsere Begegnungen im Zeichen von Jesus noch nicht Kult; wir können Riten nicht erfinden.

Das für mich Entscheidende ist die Vergegenwärtigung von Jesu Mystik. Weil Jesus in höchstem Ausmaß mit Gott, den er Vater nannte, verbunden war, konnte er heilen, in Vollmacht reden und handeln. Dies machte den geschichtlichen Jesus zum Christus[13] – über seine Zeit und seinen Lebensraum hinaus.

---

12 »Da es in der Kirche auch das freie Charisma gibt, das nicht von oben her angeordnet und verwaltet werden kann, sondern dort auftritt, wo der Geist nach eigenem Wohlgefallen wirken will, muß es in der Kirche auch das Experiment geben. ... (nicht nur von oben) ... Schon Franz von Sales hat davor gewarnt und es für überflüssig erklärt, daß man für alles und jedes vorher in Rom anfragen wolle. Auch heutige Maßnahmen, besonders auf dem Gebiete der Liturgie, zeigen, daß man das ›experimentieren‹ in der Kirche kennt und seine Bedeutung zu schätzen versucht« (Rahner, 1995, S. 326). Er fügt hinzu, dass bei Sachen, die nicht einfach der Willkür von Priestern oder Laien überlassen werden können, die Erlaubnis oder positive Duldung der entsprechenden kirchlichen Instanz erforderlich sei (vgl. ebd., S. 317–341).

13 Meine Stellungnahme zu Jesus dem Christus: Christus beschreibt die menschliche Erfahrung mit dem zeitlos wirkenden Mystiker. Der Begriff war damals ein bekannter Hoheitstitel. Die Annahme, dass Jesus Mystiker war und dass seine außerordentliche Art, sich zu verhalten, etwas über ihn und seine Zeit hinaus angebahnt hat, ist Brücke von Jesus zu Christus. Mit der Interpretation des Mystikers können wir vieles (alles?) über Jesu besondere Gottesbeziehung erklären: Jesus hat sich selbst so erfahren. Zugleich möchte ich das Geheimnis seiner Person offen lassen. Mir genügt, wenn Kirche der Machtausübung widersagt.

Dem mystischen Jesus können wir nachleben, auch heute und mit jeder Problemstellung neu. Unsere Spiritualität kann sich ganz an Jesus orientieren, auch wenn gilt, dass wir uns sogar diese Mal um Mal schenken lassen müssen. Konkret kann ich Jesus meine Freude und Sorge innerlich zeigen und dann in der Sehnsucht warten (vielleicht wochenlang), bis es geschieht, dass ich von ihm berührt bin. Oder eine Antwort »so hätte Jesus gehandelt« ist plötzlich da.

Da und dort sind neue Formen kirchlicher Sammlung schon am Werden: etwa Gottesdienste im Rahmen von Exerzitien und Seminaren, fastenzeitliche Versöhnungswege in Pfarreien oder – in diesem Covid-19-Frühling – Hausgottesdienste. Da entstanden Keimzellen einer neuen Kirche.

»Tut dies zu meinem Gedächtnis.« Die bevorzugte Form, um Jesus in unser Zusammensein hereinzuholen, ist das Abendmahl. Es ist, wie mein theologischer Gesprächspartner Roman Siebenrock jüngst auf den Punkt brachte, »die Konzentration von Jesu Lebenshaltung, sie muss aber gepaart sein mit Jesu Mystik und Hingabe«. Können wir Mahl feiern im Sinne Jesu? So einfach ist dies nicht.

4.2. Kann eine Liturgiereform aus der Stille geboren werden?

Liturgiereform ist überfällig. Und doch heikel. Je länger ich meinen kühnen Traum von Kirche zu träumen wage, umso bewusster wird mir das. Wo soll Kirche mit einer Reform beginnen, wo Ansätze einer neuen Kirche weiterentwickeln? Es braucht mehr als den bloßen Einbezug von Gesten und Musik, mehr als nur persönliche und abgewandelte Formen und Reden von Gott. Wer redet hier mit? Braucht es unsere Mitsprache oder unser Gebet? Wie wird Kirche auch in ihrem Feiern immer wieder zu einer Gemeinschaft der Christen? Zu sagen, es sei nichts geschehen im Katholischen, hier laufe immer das Gleiche ab, ist zu einfach. Zu sagen, das Evangelische sei so nüchtern, ebenfalls. Das Thema der nächsten Generation zu überlassen, wäre erst recht bedenklich. Unkenrufe und Kirchenaustritte lösen das Problem nicht, sondern zeigen nur auf ihre Weise die Dringlichkeit des Anliegens.

Wenn ich mich nachfolgend dem Thema Liturgie – Eucharistie, Abendmahl, Ritus und der Frage nach einer Reform – dennoch zuwende, so betone ich vorweg: Auch ich weiß nicht, was genau wie erneuert werden soll. Ich darf mir das nicht anmaßen. Ich will aber auch nicht einfach wegschauen, obwohl mir verschiedentlich dazu geraten wurde. Mich dem Thema zu stellen, bedeutete im Entstehungsprozess dieses Buches Entscheidung. Zumindest an den Vorgaben, wie ein solcher Prozesses gelingen kann, will ich dranbleiben, auch im Gebet. Denn jede Neuerung ist, wenn sie das Heilige gerade nicht antasten, wohl aber verstehbarer und glaubhafter machen will, hart erkämpft, erlitten und schlussendlich geschenkt.

Wie aber können im Kollektiv Neuerungen entstehen? Kann sich das einer für alle ausdenken? Gibt es solchermaßen geläuterte Intuitionen? Muss das Neue wissenschaftlich fundiert und formuliert sein? Gibt es eine entsprechende Atmosphäre, in welcher eine solch kollektive Schwangerschaft und Geburt überhaupt möglich wird? Unser Gebet und das, was wir im Namen Jesu verkündigen, darf nicht an den heutigen Erkenntnissen über Jesus und über die ihm aus dem Judentum schon vorgegebenen Gebräuche vorbeidriften. Zugleich muss es so lange gestählt und bebrütet werden, dass das Neue gleichsam aus der Tiefe der Meditation, des Herzens, des Traumes oder der Stille geboren wird.

Solch einen Vorgang schildert eine Ahnengeschichte der Eskimos: »In alten Tagen feierten wir jeden Herbst große Feste zu Ehren der Seele des Wales, und diese Feste mussten stets mit neuen Liedern eröffnet werden ... Und da hatten wir einen Brauch, dass in jener Zeit, in der die Männer[14] ihre Worte zu diesen Hymnen suchten, alle Lampen ausgelöscht werden mussten. Es sollte dunkel und still im Festhaus sein. Nichts durfte stören, nichts zerstreuen. In tiefem Schweigen saßen sie in der Dunkelheit und dachten nach, alle Männer, sowohl die alten wie die jungen, ja sogar die kleinsten Knäblein, wenn sie nur eben so groß waren, dass sie sprechen konnten. Diese Stille nannte man Quarrtsiluni. Sie bedeutet, dass man auf etwas wartet, das aufbrechen soll. Denn unsere Vorväter hatten den Glauben, dass die Gesänge in der Stille geboren werden. Dann entstehen sie im Gemüt der Menschen und steigen herauf wie Blasen aus der Tiefe des Meeres, die Luft suchen, um aufzubrechen. So entstehen die heiligen Gesänge« (entnommen aus Halbfas, 1981, S. 23–24).

4.3. Erlösung aus Prägung – Gefragt sind vorerst die Fragestellungen

In meiner theologischen Dissertation habe ich das Thema Erlösung aus Prägung entfaltet, auch im interreligiösen Blick. Wie finden wir nur schon zu einer Gesprächsgrundlage, um das Erlösungspotenzial, welches den einzelnen Religionen meist unausgesprochen innewohnt, untereinander

14 Auch in dieser Zeremonie waren es offenbar nur Männer. Ich möchte das als historisches Faktum gerne einfach hinnehmen.

vergleichen zu können? Etwa muss zuerst einsichtig werden, wovon eigentlich eine Religion erlösen soll (aus welcher seelischen Verfasstheit), bevor man fragen kann, wie heilsam sie sei. Ich sprach damals von vier Parametern der Erlösung:

1. das »Wovon« oder die Frage nach der Prägung
2. das »Wie« oder die Frage nach dem Gottesbild
3. nicht ohne menschliche Offenheit oder die Frage nach dem Menschenbild – und wie ich heute sagen würde: die Frage nach dem menschlichen Beitrag
4. das »Wohin« oder die Frage nach dem Sinn und Ziel (vgl. Renz, 2017, S. 282–295).

Ich umkreiste diese Parameter bewusst als Theologin *und* Psychologin. Denn Erlösung hat mit dem ganzen Menschen, mit Körper, Seele und Geist zu tun. Sie muss für uns spürbar sein und ist ein Prozess. Tatsächlich entstanden aus meinen Impulsen einige Gespräche zum interreligiösen Dialog mit neuen Ansätzen.

Gibt es vielleicht auch mit Blick auf eine Liturgiereform Parameter für das Gespräch? Mir kommen drei Spannungsfelder in den Sinn: Sie bauen sich auf zwischen Mensch und Gott, zwischen uralt und neu und zwischen Erinnerung und Wandlung. Solche Spannungen sollen nicht eingeebnet werden, sondern aufrechterhalten bleiben.

4.4. Zum Spannungsfeld »Mensch und Gott«

Wir brauchen Menschen, aber nicht minder Gott selbst – für eine Gottesdienstgestaltung wie auch für eine Reform.

Gibt es jene mutigen, innerlich aufgerichteten, leiderprobten und zugleich tief religiösen *Menschen*, die von der Sache Jesu und von Gott so begeistert sind, dass ihre Intuitionen dem nahekommen, was wir eigentlich feiern wollen?

Und wie wird in dieser Suche Gott selbst überhaupt vernehmbar? Können wir ihn über prophetische Menschen wahrnehmen? Ja – und doch mehr im Säuseln als im Sturm, Beben oder im Feuer, wie uns der Prophet Elija am Gottesberg Horeb lehrt (1 Kön 19,1–13a). Buber und Rosenzweig (1954) übersetzen das Säuseln als »eine Stimme verschwebenden Schweigens«. Ist uns jene Langsamkeit möglich, wie sie dem Gotteseiferer Elija abgefordert wurde: durch tiefe Erschütterungen beim Ginsterstrauch hindurch und dann über 40 Tage fastend und die Wüste durchschreitend? Anders scheint es zu einer Gottesbegegnung gar nicht erst zu kommen, denn Gott ist Gegenwort zu menschlicher Macht und Gewalt. Ja, sogar Gegenwort zu unseren Gottesbildern, so besagt die Erzählung über Eljia.

Können wir Gott über den Heiligen Geist vernehmen? Als Beistand ist der Geist uns zugesagt. Dann ist das zu Findende Frucht von Prozessen der Reifung –

vielleicht aber auch überraschend und ganz anders, als das menschliche Ich es will. Der Geist weht, wo er will. Gefragt ist Offenheit wider die Verkrustungen.

Können wir Gott über die erfahrene Liebe vernehmen, eine Liebe, so wie Jesus sie lebte? Carlo Maria Martini (2019) versteht diese als Liebe im Übermaß (vgl. S. 133f.). Eine Liturgiereform würde dann mehr in der Liebe entstehen statt im Kampf durch Polarisierung hindurch. Das Hineinwachsen in Jesu Liebesfähigkeit setzt liebesfähige Menschen voraus. Menschen, die Liebe kennen und bereit sind, sich bisweilen auch zu verausgaben und von daher eine Ahnung haben, was es bedeutet, zu lieben im Sinne Jesu. Menschen, die wissen, was solcher Einsatz an Freude wie an Überforderung, Verletzung bis hin zur Passion mit sich bringt. Doch wo wird solche Liebesfähigkeit überhaupt eingeübt? Das ist Anfrage auch an den Priesterdienst.[15]

---

15 Meine Stellungnahme zum Zölibat: Mein Plädoyer in dieser Frage ist etwas ungewöhnlich. Mir scheint, es gelte vorerst zu verstehen, dass Spiritualität und Mystik schon immer vornehmlich aus dem asketischen Leben entsprungen sind. Gottnähe setzt etwas anderes voraus als einfach nur Weltnähe. Wenn dies aber um den Preis geschieht, dass jene Menschen, die am meisten an den Fronten der Liebe leben, aus dem priesterlichen Dienst ausgeschlossen sind, dann geht Wesentliches verloren. Wir brauchen liebesstarke, seelisch gesunde Priester und Priesterinnen – zutiefst im Sinne Jesu. So werde ich seit Jahren eine Idee nicht los: Geistliche sollten eine zölibatäre Erfahrung, ähnlich einer Wüstenerfahrung, machen. Vielleicht bedarf es eines Zölibates auf Zeit: Jeder am Priestertum interessierte Mann, jede Frau sollte über eine gewisse Zeit (ein Jahr, ein paar Monate?) Askese leben und deren spezifische Chancen dann auch erfahren dürfen. In guter geistlicher Begleitung.

Zum Spannungsfeld Mensch-Gott gehört auch jener »erlöste« Umgang mit Macht, den wir Vollmacht nennen. Menschen können Erlösung, wie sie im Gottesdienst gefeiert wird, nicht machen. Erlösung – oder nur schon Schritte daraufhin – vollziehen sich, wenn es sein darf, von etwas Größerem, von Gott her. Von IHM her kommt dem Menschen Kraft und Macht zu. Können Menschen (Priester, Priesterinnen, Laien) gottesdienstliche Handlungen im Sinne einer Leihgabe vollziehen?

Die katholische Kirche spricht vom Amt. Ist in ihr, ist uns ein neues Bewusstsein für das Amt möglich? Nun sind wir aber nicht von vornherein einfach erlöste Menschen, auch nicht aufgrund einer Priesterweihe. Braucht es also auch ein Bewusstsein um das Ausmaß menschlicher Macht- und Gewaltprägung, um unsere eigenen Schatten? Ein Bewusstsein für all die vielen Kompensationen jener spirituellen Leerstelle, welche einst im Zuge des Entfremdet-seins in unserer Seele entstand?

Zum Umgang mit Macht im Sinne Gottes gehört auch, dass Amtsträger und Institutionen der Versuchung zum Machtmissbrauch widersagen. Können sie unglückliche gottesdienstliche Formulierungen neu bedenken, die – auch wenn sie das von ihrem Ursprung her nicht wollen – uns doch an einen verfehlten Umgang mit Macht erinnern (beispielsweise »Ich glaube an die eine, heilige, katholische und apostolische Kirche«)?

4.5. Zum Spannungsfeld »uralt und neu«

Uralt und neu sind wichtige Worte, wenn es um die gottesdienstliche und biblische Sprache geht. Oder um die Frage der Vermittlung zwischen einem Ritus und seinen Empfängern.

Ein Ritus ist eine über die Jahrtausende gewordene Zeremonie. Das lateinische Wort ritualis (»den Ritus betreffend«) meint eine nach vorgegebenen Regeln ablaufende, meist feierlich-festliche Handlung mit hohem Symbolgehalt. Bestimmte Wortformeln und begleitende Gesten sind wichtig.

Ist ein Ritus dasselbe wie ein Ritual? Die etymologische Wurzel ist dieselbe. Dennoch würde ich mit Blick auf die heute oft beliebige Verwendung des Begriffs Ritual einen Unterschied machen. Menschen sprechen von Begrüßungsritualen, Gruppenritualen, Krankenritualen und denken an eigens geschaffene Handlungen wie: »Wir sagen uns mit den Füßen guten Tag«, »Ich habe um den Patienten herum einen Schutzkreis abgeschritten«. Natürlich können solche Handlungen sinnvoll sein und sind doch nicht dasselbe wie ein Ritus. Denn dasjenige, was mit »ritualis« gemeint war, kann man nicht erfinden, es ist über die Jahrhunderte geworden und dies in der entsprechend alten Sprache und Symbolik.

Im Wort Ritus schwingt der Respekt vor dem Geheimnis noch mit. In einen Ritus wird man eingeweiht, er kann nie vollumfänglich verstanden werden. Es geht um tiefste, unserem individuellen und kollektiven Unbewussten vorgegebene symbolträchtige Handlungen, um ergreifende Worte, um ein religiöses oder kulturelles Erbe, um innerlich vorhandene Spuren eines Prozesses. Ich erinnere an das Bild der Anbahnung im Schnee und im Geröll (vgl. Kap. 3.2). Wo berühren diese Vorgaben unsere individuellen und kollektiven Bedürfnisse, Ängste und Nöte?

So ist auch der Ritus der katholischen Eucharistie geworden auf den Spuren ältester menschlicher Sehnsüchte und aus entsprechend heilsamen Erfahrungen in derselben Tiefe: mit Jesus und – vor ihm – mit den Erzvätern und Propheten des Volkes Israel. Der Ritus spricht die Sprache der ersten Christen und eines noch älteren Erlösungsdenkens. Ich denke etwa an den Auszug Israels aus Ägypten oder an Jesu letztes Abendmahl.

Solchermaßen durch die Jahrhunderte hindurch gewachsen, wird der Ritus von uns primär nicht über unser Bewusstsein verstanden. Vielmehr spricht er die Sprache unseres Vorbewussten und Unbewussten (etwa diejenige unserer Träume), und er hat das Potenzial, unsere dort wartenden Sehnsüchte abzuholen. Nur das Uralte erreicht das »Uralte« in meiner Seelentiefe.

So wohnt dem Ritus der Eucharistie das Potenzial inne, unsere Seele von Grund auf zu heilen: vom Ablauf sowie von der Person Jesu her. Der Ablauf in sich, mit wesentlichen Stationen, ist eine Symbolhandlung. Er führt uns, wenn entsprechend übermittelt und nachvollzogen, vom Entfremdet-sein in eine neue Gottesverbindung, vom Verletzt- und Zerbrochen-sein in ein neues Ganzwerden, vom Verloren-sein in den Neuen Bund. Und das wiederum ist Basis zur Wende vom Eingekapselt-sein oder Narzissmus in uns zu einer echten Liebesfähigkeit.

Allein schon von Jesus her können wir eine Einweihung in eine größere Liebesfähigkeit erfahren: über seine Worte, über die Symbolik der Fußwaschung, von Brot und Wein. Können wir Jesu Hingabe meditieren und wenigstens ein bisschen nachvollziehen? Werden wir so selbst fähiger, uns zu verschenken? Die Welt würde reicher an Liebe. Und weil der Ritus uns stets auch um das Heilige versammelt, würden auch wir mehr und mehr zur Gemeinschaft im Heiligen. Nur ein Traum?

Mit Blick auf die Verworrenheit und Verlorenheit zwischen uns vielen Menschen und Völkern auf dieser Erde ist der Ritus der Eucharistie etwas, das quer durch Nationen und Sprachen hindurch eint. Man findet dieselben Formen in Südamerika, in Asien wie hierzulande, und das schafft – wie ich von meinem Bruder Patrick lernte – »Heimaterfahrung« (P. Renz, 2018): »Im (ugandischen) Gottesdienst verstand ich kein Wort, aber ich erhob oder setzte mich zur rechten Zeit, machte das Kreuzzeichen am richtigen Ort, mein englisches Vaterunser rhythmisierte harmonisch mit.«

Ich werbe für den Ritus und sehne mich doch danach, dass das, was er »begeht«, vom Volk zunehmend auch verstanden, »verschmeckt« und als wirksam erfahren werde. Denn Erlösung gelingt nicht am Menschen vorbei. Ob etwas Tiefes im Ritus stattfinden kann oder nicht, hat mit Atmosphäre zu tun, aber auch mit Interpretation der heiligen Schriften und alten Gebräuche. Ich werbe also für das Phänomen oder die Uridee Kirche. Es braucht den Ritus und das uralte generationsübergreifende oder religionsstiftende »Material«, welches gerade nicht über Bord geworfen werden darf. Es braucht aber auch stimmige und verständliche Interpretationen im Sinne Jesu und hierfür Neuerungen in Auslegung und jeweiliger Umsetzung. Neuerungen sind selbst in der Leseordnung und in Messbüchern und deren Sprache nötig. So darf das Alte Testament neu gewichtet und aus sich selbst heraus interpretiert werden; und so brauchen wir etwa eine größere Auswahl an Hochgebeten.

Für eine gelingende Auslegung der heiligen Schriften ist – nebst dem Wissen um historische Hintergründe von damals (historisch-kritischer Ansatz) und nebst der bleibenden Ehrfurcht vor dem Moment der Offenbarung – noch ein dritter Zugang wichtig: derjenige über Symbolik und Tiefenpsychologie. Vieles des uns vorliegenden »religiösen Materials« (Schriften, Gebräuche) ist uns ohne eine Aufschlüsselung der Symbole nicht zugänglich.

Ein Symbol ist stets mehr als eine Analogie. In ihm wirkt die entsprechende Energie (etwa des Lichts, der Schlange, des Brotes). Insbesondere Carl Gustav Jung hat uns in seinem Lebenswerk einen Zugang zur Welt der Symbole eröffnet. Für die Auslegung des religiösen Materials müssen wir aufschlüsseln, was für damalige Menschen selbstverständlich war.

Auch für Symbole gilt, dass sie nicht willkürlich geschaffen werden können. Mit Blick auf eine Liturgiereform folgt daraus, dass Prozesse des Verstehens und Veränderns dauern: Der Weg führt durch unser Traumbewusstsein hindurch! Es bedarf seelisch-geistiger Schwangerschaften und Lösungen, wie wir sie etwa über Träume erhalten.

Mit Blick auf die kirchliche Praxis und das vielleicht Neue unserer Zeitepoche und unseres Kulturkreises frage ich: Kann die eucharistische Handlung als Ganzes deutlich kürzer ausfallen? Zum Beispiel, indem nicht immer alles gesagt sein muss, derweil das, was gesagt wird, umso meditativer, aus der Betroffenheit im Hier und Jetzt heraus gesprochen wird und dies in größtmöglicher innerer Präsenz in Jesus?

Können einzelne »verbrauchte« Begriffe oder Formulierungen dann vielleicht erklärt werden, ohne das Ganze zu verlängern? So müsste etwa das Wort Sünde als »Sonderung/Absonderung von Gott« erklärt werden, und auch dass daraus eine Dynamik in Richtung immer stärker werdender Egozentrik entstanden ist. Das Wort »Herr« für »Gott« besagt losgelöst von der Geschlechterfrage, dass wir diesem ewig Größeren gegenüber dienend sind. Nur ER vermag es, unsere Seele zu führen. Dem schwierigen Ausdruck »Herr, ich bin nicht würdig« könnte einleitend die Erklärung vorangehen, dass jetzt der Moment sei, um anzukommen in dem Teil unserer selbst, wo etwas in uns Erlösung (Gesundung, vgl. Mt 8,5–13) suche.

Es braucht nicht an jeder Stelle des Gottesdienstes eine zeitgemäße Sprache, keinen Perfektionismus. Wir sollen ja auch mit der alten Sprache des Ritus in Verbindung bleiben oder überhaupt erst damit vertraut werden. Es genügt, vom Geheimnis angezogen zu sein, damit ein Ritus aus sich selbst heraus wirken kann. Entscheidend ist, dass seine Faszination – auch für Augen, Ohren und Herzen des 21. Jahrhunderts – erhalten bleibt.

Andere Kulturen und native Stämme kannten Initiationsriten. Wer neu am Ritus teilnehmen durfte, ging Wege der Einweihung und Einweisung. Diese führten teils durch Angst und veränderte Bewusstseinszustände hindurch, es brauchte Mut und setzte erwartungsvolle Freude frei. Nicht zuletzt half bei diesem Übergang das Medium Musik.[16] Und heute? Stellen wir uns vor: Eucharistie wäre so bewegend, so erfüllend bis ekstatisch, dass es uns drängen würde, dabei zu sein, Mal um Mal. Als aufgeklärte Menschen unserer Tage möchten wir aber auch mehr und mehr verstehen: von Jesus, den Erzvätern, alten Riten, unserem kulturellen Erbe und von Erlösung. Und wir möchten in all dem begreifen, was es mit Blick auf diesen Jesus heißt, Christ – genau ich – zu sein.

Mir persönlich hilft das Vorbild und Urbild Jesus: Ich suche im Uralten wie im Neuen immer wieder nach Interpretationen und einer Sprache, welche uns Jesu Persönlichkeit näherbringen. Jesus wollte uns nicht als Knechte, sondern als »Freunde« (Joh 15,15): in »Freiheit« (Gal 5,1–6) und gleichzeitig in Gottverbundenheit, in Identität als Gegenzustand zu Besessenheit (vgl. Mk 1,21–28) und gleichzeitig in Liebe.

16 Vgl. Ebersoll (1985), Spintge & Droh (1992).

4.6. Zum Spannungsfeld »Erinnerung und Wandlung«

… gehört das Verständnis von Jesus in Wort und Tat, auch das Verständnis seines Vermächtnisses. Das Hineinwachsen in seine Liebesfähigkeit.

Viele bisherige Ausführungen hätten sich ebenso gut einreihen lassen ins Spannungsfeld »Erinnerung und Wandlung«. Gleichgültig ob Eucharistie oder das im evangelischen Bereich gefeierte Abendmahl: Hier gedenken wir Jesu letzten Mahles mit seinen Jüngern. Wir erleben die dort verwendeten Symbolhandlungen nach. Wir hören Jesu Worte, die für seine Hingabe stehen, eine Lebensweise, welche der Mystiker aus Nazareth schon immer gelebt hatte, die sich aber besonders in Passion und Sterben verdichtete. Das Anliegen der Erinnerung ist unbestritten.

Auch im Anliegen der entsprechenden Atmosphäre kommen sich die Kirchen näher. Es soll feierlich sein. Wir versuchen, unsere Erinnerung gebührend zu leben: im Geiste des Heiligen, ähnlich wie in den Versammlungen der Urchristen.

Warum aber ist das Anliegen der Wandlung so wichtig? Inwiefern? Seit meiner Kindheit beschäftigte mich diese Frage. So musikliebend, wie ich war, hörte ich in Gottesdiensten weniger den Inhalt der Worte als ihren

Klang und die Musik überhaupt. Für mich war nur eines wichtig: Klingt ein Gottesdienst nach Erlösung? Später träumte mir vom »Sakrament der Wandlung«, bis ich begriff, dass ich zeitlebens etwas anderes unter Wandlung verstanden hatte, als streng katholische Kreise dies bis heute tun. Es ging mir nie primär darum, dass hier das Brot in den Leib Christi gewandelt werde (Transsubstantiation); eine Gegenwart Christi musste man mir nicht erklären. Seit meinen Kindererfahrungen weiß ich, dass Jesus gegenwärtig sein kann – mystisch (vgl. Kap. 4.1). Mit Wandlung meinte ich stets unsere, meine Erlösung, also eine Veränderung der seelischen Verfasstheit.

Auf eine Wandlung unserer Seele als Ziel von Eucharistie und Abendmahl dürfen wir nicht verzichten. Auch mit Blick auf Jesus nicht: Jesus wollte wohl kaum einfach nur in Erinnerung gehalten werden. Im Leben und im Sterben hatte er die Menschen im Sinn, dass sie das Leben haben in »Fülle« (Joh 10,10). Nichts machte Jesus für sich selbst. Mahl halten sollen wir, sooft wir dies tun, in Erinnerung, als Verinnerlichung und wenn es sein darf: zur Wandlung.

Nun ja, man wird mir sagen, ich sei Katholikin. Das stimmt, und doch nicht nur. Ich gehe öfters in die katholische Messe, vereinzelt auch mit meinem reformiert sozialisierten Mann in den evangelischen Gottesdienst.

Dann wieder gehen wir in keinen Sonntagsgottesdienst. Ich erlebe evangelische Gottesdienste auch im Rahmen von Veranstaltungen zu Themen wie Sterben, Spiritualität und Erlösung aus Angst. Denn in Deutschland ist es besonders die evangelische Kirche, die meine Theologie, welche sich aus der Sterbebegleitung speist, entdeckt hat. In den Veranstaltungen beider Kirchen trete ich vorab als Therapeutin auf. Da wie dort brauchen Menschen Wandlung. Wie aber und wo im Leben geschieht diese? Wandlung ereignet sich etwa:

- im Leiden, als Bestandteil und Frucht von Reifungswegen, als Überwachsen von Prägungen. Das sind oft harte innere Wege. Wandlung ereignet sich, indem wir diese durchschreiten und Zeiten der inneren Wüste aushalten. Die Stationen können jenen von Jesu Passion ähneln, sie können durch tiefe Gottverlassenheit führen – oder auch nicht.
- im Alltag. Dort, wo Gnade oder Gotteserfahrung den dafür offenen Menschen berühren. Einfach so. Etwas im Menschen ist anders geworden.
- als Frucht großer menschlicher Liebe oder Vergebung. Auch da geschieht nur etwas, wenn wir offen sind, wenn Liebe und Vergebung uns wirklich erreichen.

Jesus hat Liebe und Vergebung exemplarisch gelebt. Bis zur Hingabe. Ein Schlüssel für das eucharistische Abendmahl?

4.7. Das christliche Abendmahl und seine Wurzeln

Das christliche Abendmahl (Eucharistiefeier) ist hervorgegangen aus dem letzten Mahl Jesu mit seinen Jüngern. Im Urchristentum wurden verschiedene Mahlformen praktiziert. Dies entnehmen wir Paulus, der Didache und weiteren alten Quellen. Wie genau, in welchem Prozess das Gemeinschaftsmahl zum sakramentalen Mahl wurde, bleibt eine vielschichtige Entwicklung. Gerd Theißen und Annette Merz (2011) schreiben in ihrem wegweisenden Buch »Der historische Jesus«, dass Jesus vielleicht selbst »den Anstoß gegeben« (S. 366) habe.

Was ist ein sakramentales Mahl? Theißen und Merz (2011) sprechen dann von einem sakramentalen Mahl, »wenn natürliche Mahlelemente so zubereitet werden, dass sie eine übernatürliche Heilswirkung haben, die sie ohne ihre rituelle Gestaltung nicht hätten« (S. 360). Beispielsweise kann die Gottheit in den Elementen selbst als präsent geglaubt werden (sogenannte Realpräsenz).

Die überirdische Substanz der Gottheit wird dann »in, mit und unter der Mahlsubstanz verzehrt« (ebd.).

Warum und inwiefern darf man annehmen, dass Jesus selbst ein sakramentales Mahl initiiert hat? Theißen und Merz (2011) sprechen in Anlehnung an Hans-Josef Klauck (1982) von einer Neuschöpfung. Diese verdanke sich dem letzten Mahl Jesu, denn was religionsgeschichtlich im jüdischen wie im hellenistischen Raum an Mahlfeiern vorzufinden war, genüge nicht als Vorlage (vgl. S. 365f.). Etwa gab es im Jüdischen nebst dem alljährlichen Passamahl ein Essenermahl der Qumrangemeinde oder ein Toda-Opfermahl, welches auf die unverhoffte Rettung im Psalm 22 anspielte.[17] Universal verbreitet war ferner der archaische Glaube, sich durch Essen und Trinken die Kräfte einer Gottheit anzueignen. Im Griechischen bekannt war der Dionysoskult, welcher das Verzehren des Fleisches der Gottheit kannte, aber dies nur in der Ekstase.

Das christliche Abendmahl hat seiner Konzeption nach auch Ähnlichkeiten mit den Mysterienmahlen, etwa von Attis und Mithras. Ein Mysterienmahl verdankt sich einem Stiftungsakt des entsprechenden Kultgottes. Über den Nachvollzug kommt es dabei zu einer

17 Im Psalm 22 findet ein Umschwung von der Todesnot und der Klage in die Sättigung und in den Dank statt (»die Armen sollen essen und sich sättigen« , Vers 27). Der Gerettete feierte »ein Dankopfermahl, die toda, als Gemeinschaftsopfer« (Theissen & Merz, S. 365f.).

Communio von Mensch und Gottheit (vgl. Theißen & Merz, 2011, S. 365). Rudolf Bultmann (1958) spricht von einer »Kommunio mit einer gestorbenen und wieder zum Leben erstandenen Gottheit« (S. 150). Wir dürfen annehmen, dass Paulus diese Mahlformen, wie überhaupt heidnische Opfermahle, gekannt hatte (vgl. 1 Kor 10,21), wobei er sich von einem falschen Zutrauen in magisch-mysterienhafte Wirkungen der Sakramente absetzte (vgl. 1 Kor 10,1ff.; vgl. Theißen & Merz, 2011, S. 363).

Die brennendste Frage lautet: Was genau hat Jesus gesagt und getan? Was hat er eigentlich gewollt? Hat er sich hingegeben, sein Leiden, Sterben und seinen Tod bejaht, um uns mit Gott zu versöhnen? Ist dies gemeint mit den in jeder Eucharistie gehörten Worten: »Das ist mein Leib …«, »Das ist mein Blut …«? Um diese Frage auch nur annähernd beantworten zu können, ist ein Blick in die Details unverzichtbar:

> Es gibt zwei Versionen dieser eucharistischen Einsetzungsworte: jene bei Markus und jene bei Paulus. Gemäß Markus (Mk 14,22–25) und ihm folgend Matthäus hat Jesus gesagt: »Dies ist mein Leib«, und streng parallel: »Dies ist mein Blut des Bundes, für viele vergossen.« Matthäus

fügt noch bei: »zur Vergebung der Sünden« (Mt 26,26–29). Gemäß Paulus (1 Kor 11,23–25) und ihm folgend Lukas heißt es: »Dies ist mein Leib für euch (gegeben)«[18], und: »Dieser Kelch ist der neue Bund in meinem Blut«, wobei Lukas noch ergänzt »für euch vergossen« (Lk 22,15–20). Nuancen sind wichtig. Geschah Jesu Hingabe für viele, für die Jünger oder zu unserem Heil, und was ist gemeint mit unserem Heil (vgl. heilsgeschichtliche Frage, Kap. 3.2)?

Auch in der Frage des Bundes weisen Theißen und Merz (2011) auf bedeutsame Nuancen hin (S. 367f.): Derweil Markus und mit ihm Matthäus auf das Blut des Bundes nach Ex 24,8 anspielen und dort vom Neuen Bund nicht die Rede ist, verweisen Paulus und Lukas in ihren Kelchworten auf den durch den Propheten Jeremia verkündeten Neuen Bund (vgl. Jer 31,31–34). Dieser war Jeremia zufolge mit der Verzeihung von Schuld und Sünde verbunden, aber ohne blutige Opfer. Mit Paulus und Lukas gesprochen wird der neue Bund durch den Tod Jesu (das heißt durch sein Blut) geschlossen. Nach Theißen und Merz

18 Das Wort »gegeben« hat Lukas ergänzt.

(2011) sind die paulinischen Abendmahlsworte ursprünglicher (S. 372f.). Jesus könnte bei seinem letzten Mahl tatsächlich vom Neuen Bund gesprochen haben.

Offen bleibt hier die Frage, wie diese Verbindung mit seinem Blut und der Beigeschmack der Opferung Jesu entstanden ist. Nach Theißen und Merz (2011) ist denkbar, dass man erst *nach* Jesu Tod seine Hingabe als »Opfer« erkannt hatte (vgl. S. 373).

Auch das Johannesevangelium spielt auf den Neuen Bund an, aber ohne das Wort Bund als solches aufzunehmen. Jesu Vermächtnis an seine Jünger gründet hier weniger im Mahl als vielmehr im Liebesgebot (Joh 13,34f.) und in der Verheißung des Geistes. Der Bezug zum Bund nach Jeremia geschieht über die Herzensdimension: »Seht, es werden Tage kommen – Spruch des Herrn –, in denen ich mit dem Haus Israel und dem Haus Juda einen neuen Bund schließen werde … Ich lege mein Gesetz in sie hinein und schreibe es auf ihr Herz. Ich werde ihr Gott sein, und sie werden mein Volk sein. Keiner wird mehr den andern belehren …, sondern sie alle, klein und groß, werden mich erkennen … Denn ich verzeihe ihnen die Schuld, an ihre Sünde denke ich nicht mehr« (Jer 31,31ff., vgl. auch Ez 36,26ff.; 37,26ff.). Die vom Evangelisten Johannes geforderte Liebe ist (nur) möglich, wenn Gottes Gebote den Menschen ins Herz gelegt sind. Dann hat Jesus Wohnung in uns genommen (vgl. Joh 14,21–23).

Weil für die Atmosphäre auch des Abendmahls und für kirchliche Zusammenkünfte insgesamt so wichtig, möchte ich das Liebesgebot nach Johannes hier ausführen. Bei ihm ist es die Liebe, in welcher Jesus in der Gemeinschaft der Jünger präsent bleiben will. Was den anderen Evangelien und Paulus zufolge im letzten Mahl als Akt initiiert wurde, nämlich die Anteilhabe an Gott und die von daher geeinte Gemeinschaft im Heiligen, ereignet sich nach Johannes in der Liebe und als Kontinuum. Doch welche Liebe? Jesus wirbt, wie ich meine, fast flehentlich um eine schwer nachvollziehbare Mystik der Liebe:

»Wie mich der Vater geliebt hat, so habe ich euch geliebt. Bleibt in meiner Liebe! Wenn ihr meine Gebote haltet, werdet ihr in meiner Liebe bleiben, so wie ich … Dies habe ich zu euch gesagt, damit meine Freude in euch ist und damit eure Freude vollkommen wird. Das ist mein Gebot:

Liebt einander, so wie ich euch geliebt habe. Es gibt keine größere Liebe, als wenn einer sein Leben für seine Freunde hingibt. Ihr seid meine Freunde … Ich nenne euch nicht mehr Knechte; denn der Knecht weiß nicht, was sein Herr tut. Vielmehr habe ich euch Freunde genannt« (Joh 15,9–15; vgl. auch Joh 13,34).
Johannes gibt uns auch eine entsprechende Symbolhandlung mit: jene der Fußwaschung. Darin wird diese Mystik der Liebe konkret: Es geht um mehr als um Anweisung und Solidarität. Jesus verbürgt »Teilhabe« an seiner Person (und an all dem, was durch ihn gewirkt worden ist, vgl. Joh 13,8).

Bei Johannes wird das letzte Mahl nur kurz erwähnt. Wohl aber finden wir in diesem Evangelium schon früher eine eucharistische Rede (Joh 6,51–58), die auf das Abendmahl, aber nicht unbedingt auf das *Letzte* Abendmahl verweist. Speise und Trank sind hier Elemente, in denen Jesus real präsent ist: »Wer mein Fleisch isst und mein Blut trinkt, bleibt in mir und ich in ihm« (Joh 6,56). Theißen und Merz (2011) sprechen von einer »reziproken Immanenzformel« (S. 370).

Bleibt die Frage: Was wurde beim Letzten Abendmahl gefeiert, was hat Jesus wohl gesagt? War das letzte Mahl Jesu mit seinen Jüngern ein jüdisches Passamahl? War es ein Mahl, das eingenommen wurde zum Zeitpunkt, wo dieses Fest auch sonst in Jerusalem begangen wurde? Oder war es ein vorweggenommenes Abschiedsmahl? Paulus' Einsetzungsworte geben keine Hinweise auf ein Passamahl, sondern reden nur von der Nacht, in der Jesus verraten wurde (vgl. 1 Kor 11,23).

Eine Antwort auf die Frage des Passamahles ergibt sich, wenn wir wissen, wann Jesus gestorben ist. Diesbezüglich folgt die heutige Forschung der Datierung des Johannesevangeliums. Jesus dürfte kaum am Passa-Sabbat hingerichtet worden sein. Johannes zufolge ist Jesus am Rüsttag davor gestorben, am Freitag, dem 14. Nisan, zu jener Zeit, als die Lämmer für das Passamahl im Tempel geschlachtet wurden. Das könnte bei Paulus zur Analogie geführt haben, dass Christus als unser Passa geopfert worden sei (vgl. 1 Kor 5,7; vgl. auch Metapher Lamm Gottes, Kap. 3.4).

Dieser Datierung zufolge wäre Jesus zwar zum Passamahl nach Jerusalem gezogen und dies wie üblich eine Woche vorher. Um an den Feierlichkeiten teilzunehmen, brauchte man eine Woche für die Reinigungsriten. Wir finden keinen Hinweis, dass Jesus und seine Jünger an solchen Riten teilgenommen hätten. Im Gegenteil, die Fußwaschung nach Johannes nimmt Bezug darauf, aber anders: »Wer gewaschen ist, bedarf nichts, als dass ihm die Füße gewaschen werden, denn er ist ganz rein« (Joh 13,10). Auch frühere Aussagen Jesu lassen vermuten, dass Jesus sich vom damaligen Reinheitsdenken absetzte. Spätestens mit der Tempelreinigung (Mk 11,15–18 par.) riskierte er den Ausschluss aus dem Ritus des jüdischen Passamahls.

Das würde heißen, dass sich Jesus zwar sehr danach gesehnt hat, dieses Mahl (im damaligen Sinne) mit den Jüngern zu essen (vgl. Lk 22,15),[19] aber wohl geahnt hat, dass es bei so viel Anfeindung nicht dazu kommen würde. Vermutlich hat Jesus auch um seinen Tod geahnt, was seine Anspielungen auf das eintretende Reich Gottes in

---

19 Das hier verwendete griechische Wort für »sich sehnen« setzt nicht voraus, dass die Sehnsucht jetzt, mit diesem Akt des Mahles, in Erfüllung gehe (vgl. Theißen & Merz, 2011, S. 376).

ein verklärtes Licht rückt.[20] Zumindest das Geschick des Täufers und der Propheten hatte er vor Augen.

So dürfen wir mit Theißen und Merz (2011) rekonstruieren, dass Jesus wohl am Vorabend des Rüsttages der alljährlichen Passafeier sein letztes Mahl feierte – ein Ersatz für den bevorstehenden Opferritus im Tempel (vgl. S. 382f.). Theißen und Merz (2011) sprechen von einer »kultstiftenden Symbolhandlung« (ebenda). Dass Markus und Matthäus es anders sagen, wäre dann entstanden aus nachösterlicher Deutung: Die frühen Christen hatten das Bedürfnis, am Passafest der Juden ein eigenes Fest zu feiern (vgl. S. 376). Sie begingen das Abendmahl in Erinnerung an ein letztes Passamahl Jesu unmittelbar vor seinem Tod, und so kam es bei Markus und Matthäus zu einer »Umdatierung des letzten Mahls Jesu auf das Passafest« (S. 376).

Jesus könnte konkret gesagt haben: »Dies ist mein Leib für euch« – und damit gemeint haben, dass dieses Brot an die Stelle der sonst im Tempel verzehrten Op-

---

20 Der Bezug zum Reich Gottes wäre dann nicht als letzte Hoffnung Jesu, dass Gott noch vor seinem Tod einschreite, zu deuten, sondern als Vision über den Tod hinaus: dass Jesus dieses Mahl nicht mehr essen werde, »bis das Mahl seine Erfüllung findet im Reich Gottes« (Lk 22,16); dass Jesus nicht mehr von der Frucht des Weinstockes trinken werde bis zu jenem Tag, wo er ihn neu trinkt im Königtum Gottes (Mk 14,25; vgl. auch Mt 26,29); »ihr verkündigt den Tod des Herrn, bis dass er kommt« (1 Kor 11,26).

ferspeise tritt (vgl. Theißen & Merz, 2011, S. 382). Und er könnte gesagt haben: »Dieser gemeinsam getrunkene Kelch (d.h. diese Runde) ist der neue Bund« (vgl. S. 382).

Nach der Hinrichtung erst hat man gemäß dieser Rekonstruktion in Jesus das Opfer erkannt, das den Neuen Bund begründet und besiegelt, in Paulus' Worten: »Dieser Kelch ist der neue Bund *in meinem Blut«* (vgl. S. 373). Die Einsicht in die Notwendigkeit des Leidens scheint zumindest auf der Seite der Jünger eine nachösterliche gewesen zu sein: Die Geschichte der Emmausjünger (Lk 24,13–35) zeigt, welche Katastrophe die Hinrichtung Jesu für sie bedeutete. Erst der Auferstandene hat sie offenbar gelehrt, dass der Messias leiden *musste* (vgl. Theißen & Merz, 2011, S. 377).

Dieser Deutung zufolge ist es nicht zwingend, dass Jesus sich selbst als Sühneopfer verstanden hat. Es bleibt offen, ob er sein letztes Mahl wirklich im Bewusstsein gefeiert hat, das Leiden des Gottesknechtes (Jes 53,11) zu erfüllen (»durch sein Leiden wird mein Knecht viele rechtfertigen, indem er ihr Verschulden auf sich nimmt«). Zumindest widersprechen jeglicher masochistische Tonfall und alle Leidüberhöhung der Sühneopfertheorie dem souveränen Verhalten Jesu und seinem authentischen, in Gott verwurzelten Selbstverständnis. Auch jegliche magischen Vorstellungen von Sühne und Tauschhandel sind nicht nötig, um Jesus in der Passion zu erklären. Jesus lebte äußerste Hingabe, ja: aus Treue zum Vater, zur Botschaft und in Liebe zu den Menschen. Aber er tat all dies nicht, weil es da stellvertretend etwas vor Gott wiedergutzumachen gegeben hätte. Gott muss nicht mittels eines Sühneopfers umgestimmt werden, das würde Jesu Gottesbild völlig widersprechen. Natürlich war Jesu Hingabe ein Opfer, aber nicht im ritualisierten magischen Sinne. Jesus verschenkte sich voll und ganz.

Worte in Richtung »Sühneopfer« sind, so gesehen, Jesus erst nachträglich in den Mund gelegt worden: durch die erste Christengeneration, durch Paulus und die Evangelisten. Diese haben viele Bezüge dieses letzten Mahls zu alttestamentlichen Stellen gesehen: ein Passamahl (vgl. Ex 12,1ff.), womit sich Christen in das Gottesvolk einreihen; ein Bundesmahl (vgl. Ex 24,1ff.), worin die zwölf Stämme Israels repräsentiert waren und sind; ein endzeitliches Völkermahl (vgl. Jes 25,6–8) und eben das Mahl des leidenden Gottesknechtes.

In diesen kirchengeschichtlichen Prozess – hin zur liturgischen Gestaltung und Interpretation von »Jesus als Sühneopfer« – flossen wohl auch damalige Deutungsweisen ein, die mit dem Tempel und anderen Versöhnungsformen verbunden waren. Etwa der Ritus des Versöhnungstages (Jom Kippur = hebräisch: Tag der Sühne), der beschrieben ist in Lev 16,1–34: An diesem Tag, einem Fastentag, entsühnte der Hohepriester sich selbst, die Priester und das Volk für alle Vergehen. Dabei spielten Tiere als Sünd- und Brandopfer eine Rolle, unter anderem auch zwei Ziegenböcke. Einer der Böcke wurde für den Herrn als Sündopfer dargebracht, der andere lebend vor den Herrn gestellt, um so der Sühne zu dienen. Er wurde zu Asasel in die Wüste geschickt. Asasel war ein Wüstendämon. Der symbolträchtige Ritus geht wohl auf einen noch älteren Brauch zurück, der durch den Jahwekult nicht ganz verdrängt werden konnte. Er bedeutete zu Zeiten Jesu, dass die Sünden Israels auf den Ziegenbock (Sündenbock!) geladen und aus der Mitte Israels verbannt wurden. War Jesus Sündenbock? Dieser heiklen Frage stellte ich mich andernorts (vgl. Renz, 2016, S. 188–193).

In diese nachträgliche Deutung von Jesus als Sühneopfer floss vermutlich auch ein genereller Sündenbockreflex ein, welcher bis in die Anfänge menschlicher Selbsterkenntnis zurückgeht (Adam sagte: »Die Frau hat es getan«, und Eva verwies auf die Schlange, Gen 3,12f.). Diesem Reflex zufolge »brauchen« Menschen einen Dritten als Opfer und Sündenbock, um von sich selbst abzulenken: von eigenen Abgründen,

Emotionen, von Schuld, insgesamt von allem, was im Menschen Scham und Gefühle der Wertlosigkeit auslösen könnte (vgl. Genesis: Nacktheit). Der Sündenbockreflex hilft Menschen, sich vor sich selbst und anderen zu rehabilitieren und sich in ihrem gewohnten Selbstverständnis zu retten. Auf Sündenböcke wird projiziert.

Wenn wir uns nun von diesem magisch-ritualisierten Opferungsdenken trennen dürfen, so frage ich: Wer oder was erlöst denn wirklich? Worauf soll das eucharistische Abendmahl hinzielen? Meine Antwort: auf Gott selbst und auf unser Zurückfinden in die Verbindung zu ihm, zum Vater. Erlösung aus Entfremdung, Sonderung, Sünde (und aus allem, was daraus geworden ist und immer wieder wird) ist in Gott und in der Teilhabe an seinem Reich bereits gegeben. In Gott als dem Ganzen sind Spaltungen von Grund auf überwunden. In Gott als dem Sein, dem Leben und der Liebe schlechthin finden Fehlentwicklungen aller Art ihre Auflösung. Jesus als Mystiker muss um diese heilende Bedeutung des Vaters gewusst haben.

Wird Erlösung so verstanden, so eröffnet das neue Perspektiven in der Gestaltung von Gottesdiensten: Befreiung schlechthin. Die wichtigsten zwei Fragen lauten dann: Wie kann uns unsere Entfremdung bewusst werden, und wie finden wir hin zu Gott und zur Teilhabe an ihm?

Kann uns Jesus hierin helfen? Schon die Urchristen brauchten Jesus, den Mittler. Für sie war er im eucharistischen Brot und Wein gegenwärtig, real erfahrbar, Christus. Dieses Geheimnis des Sakraments erschließt sich (nur) dem Glaubenden. Oder – wie wir heute mit Rahner sagen würden – dem, »der etwas ›erfahren‹ hat« (1966, S. 22). Dem, der IHN in sich trägt wie das Bild eines liebsten Verstorbenen und dabei erfährt, dass davon Kraft fürs Leben ausgeht.

Jesus (und mit ihm das Geheimnis von Gott selbst) ist für den Glaubenden in Brot und Wein »da« – und kann doch dem Zweifelnden nie bewiesen werden.

4.8. Was angenommen ist, kann auch erlöst werden

Woraus soll der Mensch erlöst werden und wie? Welches ist der menschliche Beitrag, und braucht es diesen überhaupt? Und wohin, wohinein werden wir erlöst (vgl. Kap. 4.3)? Das »Woraus wir erlöst werden« sowie das Phänomen des Bösen wurden bereits umkreist (Kap. 3.4). Jesus hat Worte dazu gesagt wie Habgier, Heuchelei oder die Besessenheit von Dämonen. Die von Jesus Geheilten hatten ihn aufgesucht, weil sie verstört, blind, lahm, aussätzig waren, einer hatte eine verdorrte Hand. Die Jünger bezeichnete er als »kleingläubig« (Mt 8,26), die Herzen der Ungläubigen als »hart« (Joh 12,40). Über die Pharisäer sagte er, dass sie das Ansehen bei den Menschen mehr lieben als dasjenige bei Gott (vgl. Joh 12,37–43).

Zum »Wie«: Erlösung geschieht aus reiner Gnade, ist nicht machbar und nicht käuflich. Auch in diesem Anliegen des Paulus erlebe ich die Vertreter der verschiedenen Kirchen als geeint. Biblisch gesprochen ist nur Gott stärker als das Böse. Erlösung gelingt von Gott her. Auch Jesus gelang Heilung vom Vater her und indem er die Menschen in ihre ureigene Gottesbeziehung zurückführte. Dort, in der wiedergefundenen Einheit mit Gott, ist Entfremdung von innen heraus überwunden; Dynamik ist neu, Energie kann auf neue Weise fließen.

Zum »Wohin«: Im Blick auf Jesu Menschenbild und seine Heilungen sage ich: Es ist Erlösung in eine neue Identität und in ein erlöstes menschliches Zusammensein hinein. Die Atmosphäre ist neu. Insgesamt – energetisch betrachtet – eine neu auf Gott ausgerichtete Schöpfung. Was wir jetzt schon davon spüren dürfen: Inseln erlösten Daseins und Soseins. Momente, wo Himmel und Erde sich berühren.

Der bis anhin noch offene Punkt ist der Beitrag des Menschen. Gibt es diesen, wenn doch alles Gnade ist? Erlösung ist gegeben; sie ist uns Glaubenden von Jesus her als Vorausgabe vorgelebt und geschenkt. Sie ist uns »vorgegeben«. Doch sie kann nicht ankommen, wenn nicht etwas auch bei uns selbst geschieht. Es braucht eine Offenheit und ein neuerliches Bezogen-sein auf Gott hin. Und dazu unser Bewusstsein, dass wir alleine überfordert und auf Gnade angewiesen sind. Hierfür müssen wir bisweilen ein Stück unseres Gewordenseins »opfern«: das, was ich dachte, wollte, tat, wie ich mich selbst definierte. Damit Erlösung greifen kann, braucht es zumindest einen Hauch Bewusstwerdung über unsere – meine – Erlösungsbedürftigkeit und deren Hintergründe. Es sind Reifungsprozesse wie Trauern, Schattenarbeit, eine Rücknahme von Projektionen, ein Entlassen der Sündenböcke und in allem die wachsende Liebe auch zu uns selbst, die uns zur Erlösung überhaupt freigeben. Gregor von Nazianz (um 329–390) prägte den Satz: »Was nicht angenommen ist, kann nicht geheilt werden« (vgl. Generalaudienz Papst Benedikts XVI., Ratzinger, 2007). Umgekehrt formuliert heißt dies, dass alles, was angenommen ist, auch heil werden kann.

Ich verzichte darauf, einzelne Stationen des eucharistischen Ritus auf deren Erlösungspotenzial hin zu befragen. Ich möchte aber dazu stehen, dass ich den Ablauf dieser Feier großartig finde, und zwar entfaltet als Erlösung aus der Täterperspektive (vgl. Renz, 2019, S.111–117). Zugleich hoffe ich, dass eine Kirche der Zukunft sich auch die Leiden und die Opferperspektive menschlichen Daseins (das heißt die Erfahrungen tiefer Entwürdigung, Verletzung, Ausbeutung und des vorenthaltenen Lebens) konsequent zu eigen macht und den eucharistischen Ritus und dessen Sprache entsprechend verändert.

Meine letztliche Vision gilt einer Kirche, die ihre Zukunft und ihren Ritus nicht länger aus der eingeengten Perspektive des Ichs andenkt, sondern – soweit dies überhaupt so gesagt werden darf – von Gott her. Es wäre eine Kirche, in welcher etwas vom Reich Gottes atmosphärisch schon jetzt spürbar würde. Gott würde dann nochmals anders erfahrbar: als Geber allen Lebens, als überfließende Gerechtigkeit (Mt 5,20) und sich verströmende Liebe.

Es wäre eine Kirche, die nicht fixiert stehen bliebe im Blick auf unsere Makel und Sünden, sondern danach fragen würde, woran wir (zutiefst) leiden. Genau das besagt ein Traum, den ich in jungen Jahren und ernsthaft körperlich krank träumte, es war ein Jesustraum und zugleich ein Kirchentraum:

Ich hörte eine Nacht lang immer nur denselben gesungenen Satz eines liturgischen Liedes, aber anders formuliert: »Lamm Gottes, Du nimmst hinweg die Leiden, erbarm Dich und gib uns Frieden.« Und ich gewahrte mir gegenüber einen Mann, so weiß wie Licht, der mich inständig anschaute. Es war im Traum klar: Das war Jesus.

Literaturverzeichnis

Bergoglio, J. M. (Franziskus) (2018). *Gaudete et Exsultate: Apostolische Exhortation.* Abgerufen von: https://www.vaticannews.va/de/taglist.chiesa-e-religioni.Magistero-pontificio.Gaudete-et-exsultate.html.

Brantschen, J. Leiden – Ernstfall der Hoffnung: Eine theologische Meditation. *Theologisch-praktische Quartalsschrift 150*, S. 226–237. Abgerufen von: http://www.thpq.at/2002/quartal_03/226-237%20Brantschen%20(ThPQ%203_2002)o.pdf.

Bultmann, R. (1958). *Theologie des Neuen Testaments* (3. durchgesehene u. erg. Aufl.). Tübingen: J.C.B. Mohr.

Die Schrift verdeutscht von Martin Buber gemeinsam mit Franz Rosenzweig, 1954.

Drewermann, E. (1987). *Das Markusevangelium: Bilder von Erlösung: I. Teil. Mk 1,1–9,13.* Olten: Walter.

Ebersoll, B. (1985). Musik der Geister und Menschen in indianischen Heilriten, Teil 1,2. *Musiktherapeutische Umschau 6*, S. 1–16, 101–120.

Fromm, E. (1979). *Haben oder Sein: Die seelischen Grundlagen einer neuen Gesellschaft* (B. Stein, Übers.). Zürich: Ex Libris. (Originalwerk publiziert 1976).

Halbfas, H. (1981). *Der Sprung in den Brunnen: Eine Gebetsschule.* Düsseldorf: Patmos.

Hammarskjöld, D. (2005). *Zeichen am Weg: Das spirituelle Tagebuch des UN-Generalsekretärs* (A. Knyphausen, Übers.) (Überarb. Neuausg.). München: Knaur. (Originalausgabe 1963).

Jung, C.G. (2011). *Gesammelte Werke, 1–20.* Ostfildern: Patmos.

Klauck, H.-J. (1982). *Herrenmahl und hellenistischer Kult: eine religionsgeschichtliche Untersuchung zum ersten Korintherbrief.* In Neutestamentliche Abhandlungen: Bd. 15. Münster: Aschendorff.

Kluge, F., & Seebold, E. (2011). *Etymologisches Wörterbuch der deutschen Sprache. von [F.] Kluge* (Bearb. von E. Seebold; 25., durchges. u. erw. Aufl.). Berlin: De Gruyter.

Martini, C. M. (2019). *Maria Magdalena: Von der Liebe im Übermaß.* Ostfildern: Patmos.

Metz, J. B. (1992). *Glaube in Geschichte und Gesellschaft: Studien zu einer praktischen Fundamentaltheologie.* Mainz: Grünewald.

Otto, R. (1987). *Das Heilige: Über das Irrationale in der Idee des Göttlichen und sein Verhältnis zum Rationalen.* (Nachdruck der Ausgabe 1979). München: Beck. (Originalwerk publiziert 1917).

Puchalski, C., Ferrell, B., Virani, R., Otis-Green, S., Baird, P., Bull, J., Sulmasy, D. (2009). Improving the quality of spiritual care as a dimension of palliative care: the report of the Consensus Conference. *Journal of Palliative Medicine, 12*(10), 885–904. http://dx.doi:10.1089/jpm.2009.0142.

Rahner, K. (1966). *Frömmigkeit früher und heute.* In K. Rahner, *Schriften zur Theologie* (Bd. 7, S. 11–31). Einsiedeln: Benziger.

Rahner, K. (1969). Meditation über das Wort Gott. In H. J. Schultz (Hrsg.), *Was ist das eigentlich – Gott?* [Einmalige Sonderausg. aufgrund einer Sendereihe des Süddeutschen Rundfunks] (S. 16–21), In *Die Bücher der Neunzehn: Bd. 119.* München: Kösel. Abgerufen von: http://www.philos-website.de/index_g.htm?autoren/rahner_g.htm~main2.

Rahner, K. (1995). *Das Verhältnis der Kirche zur Gegenwartssituation im allgemeinen* (Siebtes Kapitel). In Rahner, *Sämtliche Werke, Bd. 19* (S. 317–341). Freiburg i. Br.: Herder.

Rahner, K. (2011). *Strukturwandel der Kirche als Aufgabe und Chance.* In Rahner, *Sämtliche Werke: Bd. 24/2* (S. 490–579). Freiburg i. Br.: Herder. (Originalwerk publiziert 1972).

Rahner, K. (2013). Löscht den Geist nicht aus [Rede am Österreichischen Katholikentag 1962]. In Rahner, *Sämtliche Werke, Bd. 21/1* (S. 23–33). Freiburg i. Br.: Herder.

Ratzinger, J. (Benedikt XVI.) (2007, 22. Aug.). *Gregor von Nazianz (2)*: Ansprache während der Generalaudienz. Abgerufen von: https://www.decemsys.de/benedikt/audienzen2/gregor-nazianz2.htm.

Renz, M. (2015). *Hinübergehen. Was beim Sterben geschieht*. Freiburg i. Br.: Herder.

Renz, M. (2016). *Der Mystiker aus Nazaret: Jesuanische Spiritualität*. Freiburg i. Br.: Herder.

Renz, M. (2017). *Erlösung aus Prägung. Ein neues Verständnis von Heilung. Psychologie und Theologie im Gespräch*. Paderborn: Junfermann.

Renz, M. (2018). *Angst verstehen: Tiefer als Urangst liegt Urvertrauen*. Freiburg i. Br.: Herder.

Renz, M. (2019). *Versöhnung und Vergebung: Wie Prozesse der Befreiung im Leben und im Sterben möglich werden*. Freiburg i. Br.: Herder.

Renz, P. (2018). Mein Zugang zur Vielfalt. *Schweizerische Kirchenzeitung 04*: Nr. 18.

Rohr, R. (2010). *Pure Präsenz. Sehen lernen wie die Mystiker*. München: Claudius.

Schenker, A. (2001). *Knecht und Lamm Gottes (Jesaja 53): Übernahme von Schuld im Horizont der Gottesknechtslieder*. In Stuttgarter Bibelstudien: Bd. 190. Stuttgart: Kath. Bibelwerk.

Schlosser, M. (Hrsg.) (2015). *Die Gabe der Unterscheidung: Texte aus zwei Jahrtausenden* (2. erw. Auflage). Sankt Ottilien: EOS Verlag.

Schwager, R. (1996). *Jesus im Heilsdrama: Entwurf einer biblischen Erlösungslehre* (2. Aufl.). In Innsbrucker Theologische Studien: Bd. 29. Innsbruck: Tyrolia.

Siebenrock, R. (2009). *Christliches Martyrium: Worum es geht*. In Topos Taschenbuch. Innsbruck: Tyrolia.

Spintge, R., & Droh, R. (1992). *Musik – Medizin: Physiologische Grundlagen und praktische Anwendungen*. Stuttgart: Gustav Fischer.

Stauss, K. (2010). *Die heilende Kraft der Vergebung: Die sieben Phasen spirituell-therapeutischer Vergebungs- und Versöhnungsarbeit* (4. Aufl.). München: Kösel.

Teilhard de Chardin, P. (1959). *Der Mensch im Kosmos* (O. Marbach, Übers.) (3. Aufl.). München: Beck.

Teilhard de Chardin, P. (1963). *Geheimnis und Verheißung der Erde: Reisebriefe 1923–1939* (C. Aragonnès, Hrsg.) (E. Feichtinger, Übers.) (3. Aufl.). Freiburg i. Br.: Alber.

Teilhard de Chardin, P. (1975). *Mein Weltbild* (K. Schmitz-Moormann, Übers.). Olten: Walter.

Theißen, G., & Merz, A. (2011). *Der historische Jesus: Ein Lehrbuch* (4. Aufl.). Göttingen: Vandenhoeck & Ruprecht.

Ulfig, A. (1999). *Lexikon der philosophischen Begriffe* (2. Aufl.). Wiesbaden: Fourier Verl.

Zulehner, P. M. & Halík; T. (2019). *Wir teilen diesen Traum: Theologinnen und Theologen aus aller Welt argumentieren »Pro Pope Francis«*. Ostfildern: Patmos.